글 사회평론 과학교육연구소
대학에서 오랫동안 과학을 연구한 전문가들이 모여, 우리 아이들이 쉽고 재미있게 공부할 수 있는 책을 만들고 있습니다.

글 설정민 (사회평론 과학교육연구소 연구원)
서울대학교 생물학과를 졸업하고 같은 대학교 대학원에서 석사 학위를 받은 뒤 박사 과정을 수료하였습니다. 아이에게 과학을 쉽고 재미있게 얘기해 주려 노력하다 보니 어린이를 위한 책을 만드는 일에도 관심을 가지게 되었습니다. 현재 사회평론 과학교육연구소 연구원으로 과학책을 만들고 있습니다.

글 김형진 (사회평론 과학교육연구소 연구원)
연세대학교 천문대기과학과를 졸업하고 같은 대학교 대학원에서 석사, 박사 학위를 받았습니다. 과학자를 꿈꾸는 아이들에게 올바른 과학 개념과 과학적 태도를 함께 키울 수 있는 방법을 전달하기 위해 노력하고 있습니다. 현재 사회평론 과학교육연구소 연구원으로 과학책을 만들고 있습니다.

글 이명화 (사회평론 과학교육연구소 연구원)
서울대학교 물리교육과를 졸업하고 같은 대학교 대학원에서 석사, 박사 학위를 받았습니다. 10여 년간 중학교에서 과학을 가르쳤으며, 미국 아리조나 주립대에서 물리학으로 박사 학위를 받고 독일, 미국, 영국에서 연구원으로 근무하였습니다. 쉽고 재미있는 과학책을 쓰는 일에 관심을 갖고 있으며, 현재 사회평론 과학교육연구소 연구원으로 과학책을 만들고 있습니다.

그림 조현상 (매드푸딩스튜디오)
미국 필라델피아에서 U-Arts를 졸업했습니다. 한국과 미국에서 동화, 일러스트레이션, 만화 등 다양한 작업을 하고 있습니다.
mad-pudding.com | instagram.com/madpuddingstudio

그림 김지희
만화가이자 일러스트레이터로 활동하고 있습니다. 그린 책으로 《드래곤빌리지 학습도감 13 : 해적앵무》, 《난생 처음 한번 공부하는 미술 이야기 5》, 《난생 처음 한번 공부하는 미술 이야기 6》 등이 있습니다.

그림 전성연
대학교에서 그래픽디자인을 전공했고, 현재 직장을 다니며 일러스트 작업을 하고 있습니다.

감수 박재근
서울대학교 생물교육과를 졸업하고 같은 대학교 대학원에서 과학교육 전공으로 석사, 박사 학위를 받았습니다. 생물교육과 환경교육을 주로 연구하고 있으며, 중학교, 고등학교 교사를 거쳐 현재 경인교육대학교 과학교육과 교수로 재직 중입니다. 2015 개정 교육과정의 중학교 과학교과서, 초등학교 과학교과서를 함께 저술하였습니다.

캐릭터 이우일
홍익대학교에서 시각디자인을 공부한 만화가입니다. 그림책 작가인 아내 선현경, 딸 은서, 고양이 카프카와 함께 그림을 그리고 글을 쓰며 살고 있습니다. 지은 책으로 《우일우화》, 《옥수수빵파랑》, 《좋은 여행》, 《고양이 카프카의 고백》 등이 있고, 그린 책으로 《노빈손》 시리즈, 《용선생의 시끌벅적 한국사》 시리즈, 《교양으로 읽는 용선생 세계사》 시리즈 등이 있습니다.

용선생의 시끌벅적 과학교실

진화

글 **사회평론 과학교육연구소** | 그림 **조현상·김지희·전성연** | 감수 **박재근** | 캐릭터 **이우일**

공룡이 진화하여 나타난 동물은?

사회평론

프롤로그

여러분, 안녕? 과학반을 맡은 용선생이야. 내 명성은 익히 들어 봤겠지? 역사반과 세계사반을 모두 훌륭하게 성공시키며 방과 후 교실 최고의 인기 교사가 된 그 용선생이란다. 교장 선생님께서 특별히 부탁하셔서 이번에는 과학반을 맡게 되었어. 어찌나 사정을 하시던지 도무지 거절할 수가 없었지 뭐야. 그래서 이 몸이 깜짝 놀랄 수업을 준비했단다.

우리의 수업은 언제나 질문과 함께 출발해. 세상을 둘러보다가 누군가 "저건 왜 그래요?" 하고 질문하면 바로 그 순간 수업이 시작되는 거지. 이제부터 용선생의 시끌벅적 과학교실을 제대로 즐기는 방법을 하나씩 알려 줄게.

첫째, 과학반 친구들과 함께 호기심을 갖고 질문해 봐. 과학을 어렵게만 생각하지 말고, 매 교시마다 아이들이 어떤 호기심을 가지는지 관심을 가져 봐. 과학반 친구들과 함께 '왜 그럴까?', '어떻게 알아낼 수 있을까?' 고민하다 보면 어렵던 과학도 쉽게 느껴질 거야.

둘째, 어려운 내용은 사진과 그림으로 이해해 봐. 어려운 과학 개념과 원리를 한 장의 사진이나 그림을 통해 단숨에 이해할 수도 있어. 그래서 너희를 위해 사진과 그림을 많이 준비했단다. 글을 읽다가 어렵다 싶으면 옆에 있는 사진과 그림을 봐. 잘 이해되지 않던 내용이 틀림없이 술술 이해될 거야.

셋째, 배운 내용을 되새기며 머릿속에 정리해 봐. 왁자지껄한 수업을 마치고 나면 뭘 배웠는지 정리가 안 될 때도 있을 거야. 그럴 때를 대비해 중간중간 핵심 정리를 준비했어. 또 배운 내용을 4컷 만화로 재미있게 요약해 두었지. 게다가 교시가 끝날 때마다 나선애의 정리노트도 마련했단다. 이 정도면 학습 정리는 문제없겠지?

과학은 분야도 다양하고 배울 내용도 아주 많아. 쉽게 이해할 수 있는 부분도 있지만, 여러 번 곰곰이 생각해 봐야 알 수 있는 부분도 있지. 이 책을 여러 번 다시 읽다 보면 구석구석 빠짐없이 모두 이해될 거야.

자, 이제 용선생의 시끌벅적 과학교실을 제대로 즐길 준비가 됐겠지? 그럼 신나는 수업을 시작해 볼까?

차례 | 진화

1교시 | 진화란?

매머드와 코끼리는 어떤 사이일까?

잠자리가 변한 까닭은? … 13
생물이 진화한다는 증거는? … 17
진화의 또 다른 증거를 찾아라! … 20

나선애의 정리노트 … 24
과학퀴즈 달인을 찾아라! … 25
용선생의 과학 카페 … 26
　- 동물이 진화한다는 또 다른 증거는?

교과연계
초 4-1 지층과 화석 | 중 1 생물의 다양성

2교시 | 진화의 과정

다윈이 갈라파고스에서 발견한 것은?

갈라파고스에 사는 생물의 비밀은? … 31
진화는 어떻게 일어날까? … 35
새로운 생물이 나타나려면? … 39

나선애의 정리노트 … 42
과학퀴즈 달인을 찾아라! … 43
용선생의 과학 카페 … 44
　- 고추와 피망은 무슨 관계일까?

교과연계
초 5-2 생물과 환경 | 중 1 생물의 다양성

3교시 | 생물의 역사

오래전 지구에는 어떤 생물이 살았을까?

지구에 나타난 최초의 생물은? … 48
육상 생물이 나타나다! … 51
삼엽충이 사라진 까닭은? … 55

나선애의 정리노트 … 58
과학퀴즈 달인을 찾아라! … 59
용선생의 과학 카페 … 60
　- 지구에 어떻게 생물이 나타났을까?

교과연계
초 4-1 지층과 화석 | 중 1 생물의 다양성

4교시 | 동물의 진화

공룡이 진화하여 어떤 동물이 나타났을까?

공룡의 조상을 찾아서 … 65
공룡이 중생대에 번성한 까닭은? … 67
지금은 포유류 시대! … 72

나선애의 정리노트 … 76
과학퀴즈 달인을 찾아라! … 77
용선생의 과학 카페 … 78
　- 동물만? 아니, 식물도 진화해!

교과연계
초 3-2 동물의 생활 | 중 1 생물의 다양성

6교시 | 생물 다양성

코뿔소가 멸종하면 어떤 일이 생길까?

생물 다양성이 뭐지? … 98
생물 다양성이 중요한
또 다른 까닭은? … 102
생물 다양성과 진화의 관계는? … 105

나선애의 정리노트 … 108
과학퀴즈 달인을 찾아라! … 109

교과연계
초 5-2 생물과 환경 | 중 1 생물의 다양성

5교시 | 사람의 진화

침팬지는 사람의 조상일까?

사람은 어떤 동물 무리에 속할까? … 83
사람은 어떻게 진화했을까? … 87
오늘날의 사람이 등장하다! … 90

나선애의 정리노트 … 94
과학퀴즈 달인을 찾아라! … 95

교과연계
초 4-1 지층과 화석 | 중 1 생물의 다양성

가로세로 퀴즈 … 110
교과서 속으로 … 112

찾아보기 … 114
퀴즈 정답 … 115

등장인물

용쓴다 용써!
용선생

- 체력 ★★★
- 지력 ★★★★★
- 감성 ★★★
- 호기심 ★★★★★
- 유머 ★★

열정이 가득한 과학 선생님. 하늘을 향해 거침없이 솟은 머리카락과 삐죽삐죽한 수염이 매력 포인트. 생생한 과학 수업을 하기 위해 물불을 가리지 않는다.

장하다 장해!
장하다

- 체력 ★★★★★
- 지력 ★
- 감성 ★★★★
- 호기심 ★★★★★
- 유머 ★★★★★

'튼튼하게만 자라 다오.'라는 아버지의 소원대로 튼튼하게 자랐다. 성격은 일등, 성적은 비밀이다. 시험을 못 봐도 씩씩하고 엉뚱한 질문으로 수업에 활력을 준다.

오늘도 나선다!
나선애

- 체력 ★★★★
- 지력 ★★★★
- 감성 ★★★
- 호기심 ★★★★★
- 유머 ★★★

과학자를 꿈꾸는 우등생. 공부도 잘하고 아는 게 많아서 모든 일에 앞장서는 타입이다. 겉으로는 차가워 보이지만 내심 따뜻한 면도 가지고 있다. 전혀 티가 안 나서 그렇지.

잘난 척 대장
왕수재

- 체력 ★★★
- 지력 ★★★★
- 감성 ★
- 호기심 ★★★★★
- 유머 ★

세상에서 자기가 제일 잘난 줄 안다. '천재는 외로운 법이고 질투의 대상인 법'이라나. 친구들에게 깐족거리는 데에도 천재적이다. 그래도 수업에는 늘 적극적으로 참여한다.

낭만 가득
허영심

- 체력 ★★★★★
- 지력 ★★★
- 감성 ★★★★★
- 호기심 ★★★★★
- 유머 ★★

감성이 풍부해도 너무 풍부하다. 떨어지는 낙엽이나 밤하늘의 별을 보며 눈물짓고, 조그만 벌레와 대화를 나누는 사차원 성격. 하지만 누구보다 정이 많고 낭만적이다.

과학반 귀염둥이
곽두기

- 체력 ★★★
- 지력 ★★★★
- 감성 ★★★★
- 호기심 ★★★★★
- 유머 ★★★★

형과 누나들의 귀여움을 독차지하는 과학반 막내. 나이도 가장 어리고 타고난 동안이라 언뜻 보면 유치원생 같다. 훈장 할아버지 덕에 어려운 단어를 줄줄 꿰고 있다.

우리를 찾아봐!

매머드
코끼리처럼 몸집이 크고 코와 엄니가 긴 동물이야.

핀치
참새와 비슷한 새로, 갈라파고스에서는 먹이에 따라 부리 모양이 다르게 진화했어.

삼엽충
고생대에 나타나 수억 년 동안 바다에 살던 동물이야.

틱타알릭
수억 년 전에 살던 동물로, 수중 동물과 육상 동물의 특징을 한 몸에 가졌어.

공룡
중생대에 나타나 약 2억 년 동안 번성한 육상 파충류야.

호모 사피엔스
현재 지구에 살고 있는 인류로, 슬기로운 사람이라는 뜻이야.

"얘들아, 이 사진 봐. 정말 신기하지?"

아이들이 왕수재가 내민 잡지 속 사진을 보고 눈을 크게 떴다.

"우아, 엄청나게 큰 잠자리다! 이렇게 큰 잠자리는 처음 봐."

"이건 잠자리 모형인데, 아주아주 옛날에 살던 거대한 잠자리래."

"옛날에는 잠자리가 이렇게 컸다고? 지금 사는 잠자리는 훨씬 작잖아."

"그러게. 잠자리가 작게 변신이라도 했나?"

아이들이 고개를 갸웃거리자 용선생이 다가와 말했다.

"하하, 잠자리가 작게 변한 게 맞아. 잠자리뿐 아니라 모든 생물은 시간이 지나면서 변한단다."

"헉! 생물이 정말 변해요?"

잠자리가 변한 까닭은?

"그럼! 생물이 변하는 것에 대해 오늘 함께 알아볼까?"

"네. 그게 좋겠어요."

"지구에 처음 생물이 나타난 건 약 38억 년 전이야. 그때부터 지금까지 지구 환경은 다양하게 변해 왔고, 변하는 환경에서 살아가는 생물도 계속 변했어."

"잠자리가 변한 것처럼요?"

용선생은 고개를 끄덕이며 잡지 속 사진을 가리켰다.

"이건 약 3억 년 전 지구에 살던 잠자리인데, 크기가 매우 컸지. 하지만 오늘날에 사는 잠자리는 크기가 훨씬 작아. 수억 년 동안 잠자리가 작게 변한 거야."

허영심이 고개를 절레절레 흔들었다.

▲ **약 3억 년 전 잠자리와 오늘날의 잠자리** 약 3억 년 전에 살던 잠자리는 날개를 편 크기가 80cm(센티미터)에 달할 정도로 거대했어. 오늘날의 잠자리는 10cm 정도로 훨씬 작아.

"수억 년이라니, 정말 상상이 안 되는 시간이네요."

"하하, 그럴 거야. 과학자들은 이렇게 아주 오랜 시간에 걸쳐 생물이 변하는 걸 진화한다고 말해. 짧게는 수만 년에서 길게는 수억 년에 이르는 시간이 걸리지."

나선애가 노트 필기를 멈추며 말했다.

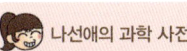 나선애의 과학 사전

진화 나아갈 진(進) 될 화(化). 생물이 오랜 시간에 걸쳐 점차 변하는 과정을 말해.

▲ **탈바꿈** 생물이 자라면서 겉모습이 크게 달라지는 걸 말해. 개구리 올챙이는 탈바꿈하여 어른 개구리로 자라.

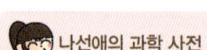 나선애의 과학 사전

개체 낱 개(個) 몸 체(體). 살아가는 데 필요한 기능과 구조를 갖춘 하나의 생물체를 말해.

"어, 그럼 올챙이가 개구리로 변하는 건요? 그건 진화가 아닌가요?"

"응. 올챙이가 개구리로 변하는 시간은 2~3개월 정도로 비교적 짧아. 이렇게 생물이 자라는 과정에서 겉모습이 달라지는 건 진화가 아니라 탈바꿈이라고 한단다."

"아, 탈바꿈과 진화는 전혀 다른 거네요."

"맞아. 그런데 생물이 진화한다고 말할 때 중요한 게 또 하나 있어. 바로 같은 종류의 생물 집단 전체가 변한다는 거야."

"생물 집단이요? 그게 뭐예요?"

"어떤 섬에 들쥐가 수천 마리 살고 있다고 생각해 보자. 수천 마리 들쥐 전체를 생물 집단이라고 해. 참고로 들쥐 하나하나는 개체라고 하지."

"아하, 이해했어요. 그래서요?"

"들쥐 집단에서 들쥐 모두 털이 짧은데, 한 마리만 털이

▲ 생물 집단 안에서 하나의 개체만 변한 것은 진화가 아니야.

▲ 생물 집단 전체가 변한 게 진화야.

길게 변했다고 치자. 한 마리가 변했다고 해서 들쥐가 진화했다고 말하지는 않아. 하지만 오랜 시간이 지나 수천 마리 들쥐 전체가 털이 길게 변했다면 진화했다고 말할 수 있지."

"아, 한 마리가 아니라 전체가 변해야 하는군요?"

"그래. 정리하자면, 진화란 오랜 시간에 걸쳐 같은 종류의 생물 집단 전체가 변하는 것을 말한단다."

그때 장하다가 고개를 갸우뚱하며 말했다.

"근데요, 제가 본 만화에 나오는 생물은 진화해서 몸이 커지고 힘도 세지는데, 잠자리는 왜 작아졌어요?"

"하하, 만화에 나오는 진화와 실제 진화는 다를 수 있어."

"오, 그래요?"

"응. 먼저 만화에서는 개체 하나의 생김새가 변하면서 금세 진화가 일어나지? 하지만 실제 진화는 방금 배운 것처럼 생물 집단 전체가 오랜 시간에 걸쳐 변해. 또 만화에서는 개체가 진화하여 원래보다 크고 강하게 변하지만, 실제로는 크기가 작아질 수도 있고, 힘이 약해질 수도 있지."

"아, 만화는 만화일 뿐이군요."

"그렇지. 사람들이 진화에 대해 잘못 알고 있는 점은 만화에 나온 것 말고도 또 있어."

용선생은 화면을 띄웠다.

마스토돈
(약 2500만 년 전~약 1만 년 전)

매머드
(약 480만 년 전~약 4천 년 전)

코끼리
(약 150만 년 전~현재)

▲ 마스토돈, 매머드, 코끼리

"마스토돈은 약 2500만 년 전, 매머드는 약 480만 년 전에 지구에 나타났다가 현재는 사라진 동물이야. 어때, 오늘날의 코끼리와 비슷하게 생겼지?"

"네. 혹시 마스토돈이 매머드로, 매머드가 코끼리로 진화한 건가요?"

"옛날 사람들도 그렇게 생각했어. 하지만 과학자들이 연구했더니 마스토돈은 매머드의 조상이 아니었고, 매머드도 코끼리의 조상이 아니었지."

"네? 그럼 어떻게 진화한 건데요?"

"하나의 조상, 즉 공통 조상이 진화하여 마스토돈, 매머드, 코끼리가 각각 나타난 거야. 그러니까 하나의 조상이 단 하나의 자손으로만 진화하는 건 아니란다. 다양한 환경에 적응하여 여러 종류의 자손이 나타날 수 있지. 마스토돈과 매머드, 코끼리를 보면 공통 조상으로부터 진화해서 비슷한 점도 있지만 서로 다른 점도 있어. 특히 털을 잘 봐."

> **곽두기의 낱말 사전**
>
> **조상** 근본 조(祖) 위 상(上). 자기 세대 이전의 모든 세대를 말해. 자손의 반대말이지.

"마스토돈이랑 매머드는 코끼리보다 털이 길어 보여요."

"잘 봤어. 마스토돈, 매머드는 지금보다 추운 환경에 살았지. 긴 털이 풍성하게 나 있어서 추위를 견디기에 적합했단다. 이후 지구 온도가 높아진 환경에서는 코끼리처럼 털이 짧은 게 살기에 적합했지. 이렇게 변화하는 지구 환경에 적합한 생물이 살아남아 진화가 일어나는 거야."

 **핵심정리**

생물 집단이 오랜 시간에 걸쳐 변하는 걸 진화라고 해. 주어진 환경에 적합한 생물이 살아남아 진화가 일어나.

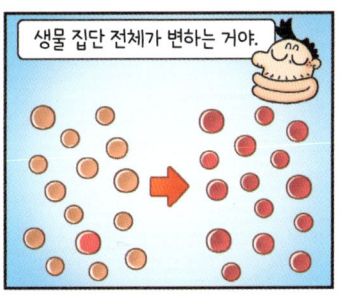

 ## 생물이 진화한다는 증거는?

"아무튼 진화는 엄청나게 오래 걸리는 거군요……. 제가 살아 있는 동안 진화를 보긴 틀렸네요."

왕수재가 안경을 고쳐 쓰며 말했다.

"하하, 맞아. 안타깝지만 진화는 한 사람이 사는 기간보다 훨씬 더 오랜 기간에 걸쳐 일어나니까 어쩔 수 없지."

"진화를 직접 보기 힘든데, 생물이 진화한다는 걸 어떻

게 알아냈어요?"

"오, 예리한 질문이야. 수재 말대로 예전엔 생물이 진화한다는 걸 알지 못했어. 그러다 다양한 분야의 연구가 이루어지면서 생물이 진화한다는 사실에 대해 여러 증거를 찾아냈단다."

"오호, 증거가 있어요? 어떤 건데요?"

"먼저 화석을 연구하여 얻은 증거가 있지."

"화석이요? 들어는 봤는데 뭔지 정확히는 모르겠어요."

"하하, 화석은 아주 오래전에 살던 생물의 몸 일부분이나 생활 흔적이 돌에 남아 있는 걸 말해. 주로 땅속에 묻혀 있다가 땅이 깎여 나가면서 화석이 밖으로 드러나 발견되는 경우가 많아."

"마스토돈이나 매머드도 화석으로 발견된 건가요?"

"맞아. 화석을 연구할 때에는 먼저 화석을 분석하여 그 생물이 살았던 시기를 알아내. 그런 다음 오래된 화석부터 최근에 만들어진 화석까지 시간 순서대로 늘어놓고 비교하는 거야."

"그렇게 비교하는 게 진화의 증거가 된다고요?"

용선생의 과학 현미경

화석은 여러 종류가 있어. 생물의 몸에서 딱딱한 부분이 돌로 변해 남아 있기도 하고, 몸의 생김새가 돌에 그대로 찍혀 있기도 해. 발자국이나 기어 다닌 자국이 돌에 남아 있는 것도 있어.

▲ 화석을 발굴하는 과학자들

"그렇단다. 화석을 비교한 결과, 오래전에 살았던 생물은 오늘날과 많이 달랐다는 걸 알아냈지. 이 사진을 볼까?"

용선생은 아이들을 둘러보고 화면을 바꿨다.

약 5500만 년 전
말의 조상

약 1300만 년 전
말의 조상

오늘날의 말

▲ 말의 조상 화석과 오늘날의 말 뼈

"이건 말의 조상 화석과 오늘날의 말 뼈 사진이야. 말의 조상은 오늘날의 말과 몸 전체 구조가 비슷해. 하지만 다른 점도 있지."

"흠…… 우선 몸 크기가 달라 보여요."

"맞아. 약 5500만 년 전 말의 조상은 몸 크기가 오늘날의 큰 개 정도야. 또 말의 조상과 오늘날의 말은 발가락 개수도 다르단다. 약 5500만 년 전 말의 조상은 앞발에 발가락이 4개 있어. 이에 비해 약 1300만 년 전 말의 조상은 발가락이 3개, 오늘날의 말은 1개만 있지."

"오호, 말의 몸은 점점 커지고, 발가락 개수는 점점 줄게

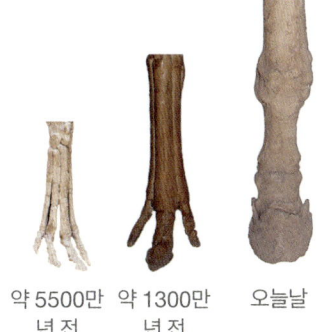
약 5500만 년 전 / 약 1300만 년 전 / 오늘날

▲ 말의 조상과 오늘날의 말은 앞발 발가락 개수가 달라.

변했네요."

"맞아. 이렇게 화석을 비교하면 먼 옛날에 살았던 생물이 오랜 시간 동안 점점 변해서 오늘날의 생물로 진화했다는 걸 알 수 있단다."

"화석이 정말 중요하네요!"

> **핵심정리**
>
> 화석을 오래된 순서대로 놓고 비교하면 생물이 오랜 시간에 걸쳐 진화해 왔다는 증거를 찾을 수 있어.

진화의 또 다른 증거를 찾아라!

"진화의 증거는 화석 말고도 또 있어."

"어떤 건데요?"

"서로 다른 생물의 몸 구조를 비교해 진화의 증거를 찾을 수 있지. 예를 들면, 사람 팔과 고양이 앞다리는 구조가 서로 비슷해. 심지어 날아다니는 박쥐와 바다에 사는 고래의 몸에도 이와 비슷한 부분이 있어."

"네? 박쥐나 고래에도요?"

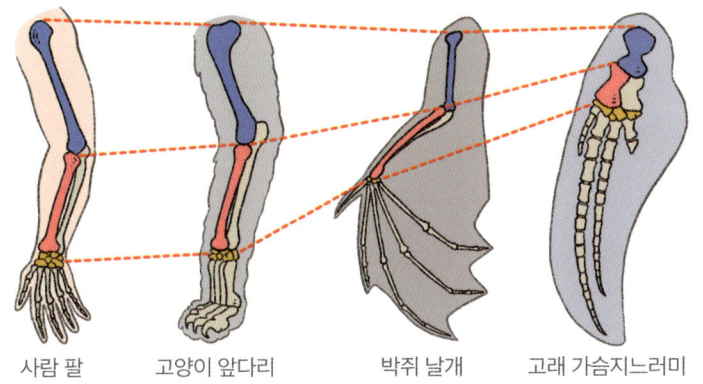

사람 팔　　고양이 앞다리　　박쥐 날개　　고래 가슴지느러미

◀ 사람, 고양이, 박쥐, 고래에 있는 비슷한 부분 구조는 같지만 서로 다른 일을 해.

"응. 사람 팔, 고양이 앞다리, 박쥐 날개, 그리고 고래 가슴지느러미를 비교해 보면, 생김새나 하는 일은 제각기 다르지만 뼈의 개수나 전체적인 구조는 같아."

곽두기가 팔을 쓰다듬으며 말했다.

"내 팔과 고래 지느러미가 비슷하다니 믿어지지 않네요. 도대체 어떻게 된 거죠?"

"오래전에 살던 공통 조상이 서로 다른 환경에 적응하면서, 구조는 같지만 생김새와 하는 일이 다른 부분을 가진 여러 동물로 변한 거야. 물에서 살기에는 지느러미가 적합했고, 날아다니기에는 날개가 적합했지. 다시 말해, 몸의 구조가 같다는 건 같은 조상에서 진화했다는 증거란다."

"우아, 제 몸에 그런 증거가 있다니 신기해요!"

"하하, 이와 반대로 몸에서 생김새나 하는 일은 거의 같은데, 서로 구조가 다른 부분을 가진 생물도 있어."

◀ **새와 곤충의 날개** 구조는 다르지만 같은 일을 해.

용선생이 화면을 바꾸며 말했다.

"새와 곤충은 둘 다 날아다닐 수 있는 날개가 있지만, 구조는 달라."

"그러고 보니 곤충 날개는 뼈나 깃털이 없어요!"

"근데 생김새는 비슷해 보여요."

"그렇지. 새와 곤충은 날개가 없는 각자의 조상이 진화하여 날개가 생겼어. 그래서 날개 구조가 다른 거야. 이렇게 서로 다른 조상에서 진화한 각각의 생물이 비슷한 환경에 적응하여, 구조는 다르지만 생김새와 하는 일이 비슷한 부분을 갖게 된 것도 진화의 증거란다."

"흠…… 환경이 진화에 무지무지 중요하군요?"

"물론이야. 심지어 환경에 적응하여 진화하면서 몸에서 더 이상 쓰지 않는 부분은 크기가 작아지거나 사라져 흔적만 남기도 해."

"그게 정말이에요?"

"그럼! 예를 들어 볼게. 두더지는 캄캄한 땅속에 굴을 파고 살아. 땅 위에서 살던 조상과 달리 두더지는 눈을 쓸 필요가 거의 없어. 두더지의 눈은 아주 작아지고 살 속에 파묻혀 흔적만 남았단다."

▲ **두더지의 눈** 매우 작고 살 속에 파묻혀 흔적만 남아 있어.

"이게 다 진화의 증거라니 놀라워요!"

그때 장하다가 주섬주섬 가방을 챙겼다.

"야, 장하다! 너 뭐해?"

"혹시 또 다른 진화의 증거가 있을 수도 있잖아? 직접 찾아보려고."

"어떻게?"

"학교 뒷산에 가서 잠자리도 잡고, 화석도 찾고……."

"에이, 그냥 뒷산에 놀러 가겠다는 거 아니야?"

"헤헤, 들켰네. 선생님, 저 먼저 가 보겠습니다!"

핵심정리

서로 다른 생물의 몸 구조를 비교하고, 몸에서 크기가 작아지거나 사라진 부분의 흔적을 통해 진화의 증거를 찾을 수 있어.

나선애의 정리노트

1. 진화의 정의
① 생물 ⓐ [　　] 전체가 오랜 시간에 걸쳐 변하는 것

2. 진화의 증거
① 화석과 오늘날의 생물을 비교함.
- ⓑ [　　] : 아주 오래전에 살던 생물의 몸 일부분이나 생활 흔적이 돌에 남아 있는 것
- 오래전에 살았던 생물은 오늘날의 생물과 다르다는 것을 알 수 있음.

② 서로 다른 생물의 몸 구조를 비교함.
- ⓒ [　　] 이 같아서 몸의 구조는 같지만, 서로 다른 환경에 적응하면서 몸의 생김새와 하는 일이 다양해짐.

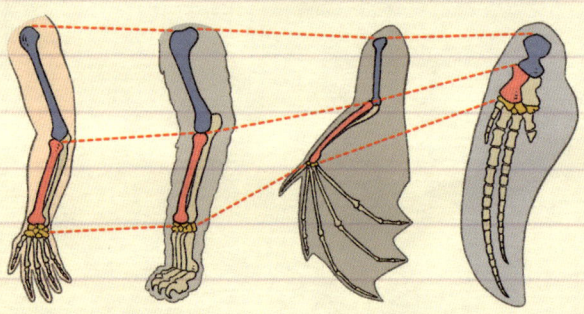

- 조상이 달라서 몸의 구조는 다르지만, 비슷한 환경에 ⓓ [　　] 하면서 몸의 생김새와 하는 일이 비슷해짐.

ⓐ 종류 ⓑ 화석 ⓒ 조상 ⓓ 적응

 # 과학퀴즈 달인을 찾아라!

●정답은 115쪽에

01

친구들이 이번 시간에 배운 내용에 대해 이야기하고 있어. 옳으면 O, 옳지 않으면 X를 표시해 줘.

① 올챙이가 진화하면 개구리가 돼. (　　)
② 매머드와 코끼리는 조상이 같아. (　　)
③ 사람 팔과 고양이 앞다리 구조가 비슷한 것도 진화의 증거야. (　　)

02

다음 보기 의 괄호 속에 들어갈 낱말들이 네모 칸에 숨어 있어. 가로, 세로, 대각선으로 연결해서 알맞은 말을 찾아봐.

> **보기**
> 진화란 오랜 시간에 걸쳐
> 생물 (　　) 전체가 변하는 걸 말해.
> 생물이 (　　)에 적응하여 진화하면서
> 몸의 일부분은 사라져 (　　)만 남기도 해.

원	반	흔	적
격	환	자	용
안	경	집	견
무	조	건	단

| 용선생의 과학 카페 | 용선생의 한국사 카페 | 용선생의 세계사 카페 | |

https://cafe.naver.com/yongyong

용선생의 과학 카페

과학계의 핵인싸,
용선생의 과학 카페에
오신 걸 환영합니다.

Log in

MENU

물리면 아프다
화학이 화하하
생물 오징어
지구는 둥글다

동물이 진화한다는 또 다른 증거는?

 이 정도 증거만으로는 생물이 진화한다는 걸 믿을 수 없어요!

 그렇다면 증거를 더 보여 주지. 우리 주변의 동물이 공통 조상으로부터 진화했다는 걸 알려 주는 증거를 살펴보자.

 그런 증거가 있어요? 어떤 건데요?

 차근차근 설명해 줄 테니까 잘 들어 보렴. 동물은 암컷과 수컷이 만나 짝짓기하여 자손을 만들어. 자손은 처음에는 아주 작은 알과 같은 형태로 만들어지는데, 이 알이 자라서 점차 각각의 생김새를 갖춰가는 과정을 '발생'이라고 해.

 흠, 발생이요? 그래서요?

 동물이 발생하는 단계에서 공통 조상으로부터 진화했다는 증거를 찾을 수 있어. 이걸 봐!

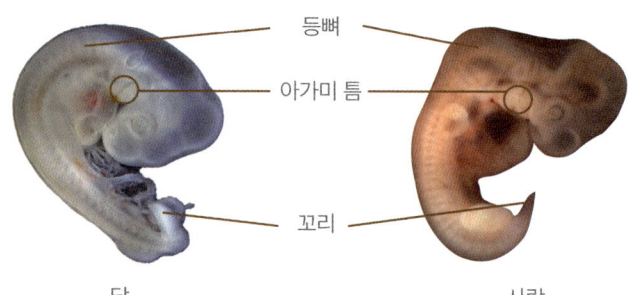

▲ 닭과 사람은 발생 초기 단계에 매우 비슷하게 생겼어.

장하다의 오답을 피하는 방법

나선애의 야무진 실험실

왕수재의 아는 척 과학교실

허영심의 별 헤는 밤

곽두기의 빅뱅 따라잡기

 으으, 징그러워라! 닭과 사람이 이런 단계를 거쳐서 발생한다고요?

 그렇단다. 닭과 사람은 생김새가 전혀 다르지? 하지만 발생을 시작할 때엔 이렇게 매우 비슷하게 생겼단다. 일단 둘 다 등뼈가 길게 뻗어 있어. 또 머리 아래에는 아가미 틈이 있고, 몸 끝부분에는 꼬리가 있지.

 정말 비슷하네요!

 닭과 사람뿐만이 아니야. 붕어, 도롱뇽, 도마뱀 같은 동물도 발생 초기 단계에는 비슷하게 생겼고, 모두 등뼈, 아가미 틈, 꼬리가 있단다.

 오, 어떻게 된 거죠?

 오래전 공통 조상으로부터 갈라져 각각 다양하게 진화하여 붕어, 도롱뇽, 도마뱀, 닭, 사람이 나타난 거야. 발생 초기 단계에 나타나는 비슷한 생김새를 통해 진화의 증거를 찾은 거란다.

 발생이 진화의 증거라니!

 ㄴ 그럼 사건 발생도 진화의 증거인가?

 ㄴ 소음 발생도?

 ㄴ 얘들아, 그건 생물이 아니잖니! ㅋ

2교시 | 진화의 과정

다윈이 갈라파고스에서 발견한 것은?

우아, 섬이 많아. 여긴 어디지?

그 유명한 갈라파고스래.

교과연계

초 5-2 생물과 환경
중 1 생물의 다양성

"어제 텔레비전에서 신기한 걸 봤어."

"신기한 거? 뭔데?"

"우리나라에서 아주 먼 곳에 여러 개의 섬으로 된 '갈라파고스'라는 데가 있대. 근데 여기 사는 핀치라는 새는 섬마다 생김새가 다르다고 하더라."

나선애의 얘기를 듣던 허영심이 물었다.

"같은 새인데 생김새가 달라? 어떻게 다른데?"

"한 섬에 사는 핀치는 부리가 가늘고 긴데, 다른 섬에 사는 핀치는 부리가 두툼하고 커."

"어, 왜 그렇게 다른 거지?"

그때 용선생이 아이들에게 다가오며 말했다.

"오래전 한 과학자도 너희와 같은 궁금증을 가졌단다."

"오, 그래요?"

# 갈라파고스에 사는 생물의 비밀은?

용선생은 고개를 끄덕이며 말을 이었다.

"그 과학자의 이름은 다윈이야. 다윈은 어째서 갈라파고스에 사는 핀치는 섬마다 생김새가 다른지 궁금했어. 그리고 그 까닭을 알아냈지."

"그 까닭이 뭔데요?"

"핀치가 섬마다 제각기 진화해서야. 다윈은 생물이 진화한다는 사실을 과학적으로 처음 밝힌 사람이지."

"우아! 다윈은 그걸 어떻게 알아냈나요?"

"함께 차근차근 알아보자. 다윈은 1830년대에 '비글호'라는 배를 타고 세계 곳곳을 다니며 지형과 생물을 조사했어. 1835년에 남아메리카 대륙 근처에 있는 갈라파고스에 도착했고, 이곳에서 각 섬의 환경과 그곳에 살고 있는 생물들을 조사했지."

▲ **찰스 다윈** (1809년~1882년) 영국의 생물학자야. 1859년에 쓴 《종의 기원》이라는 책에서 진화의 개념을 처음으로 제시했어.

> **곽두기의 낱말 사전**
>
> **지형** 땅 지(地) 모양 형(形). 땅의 모양을 말해. 산, 들, 골짜기, 강, 바다 등이 모두 지형이야.

▼ **비글호의 여행 경로** 비글호는 영국에서 출발해 남아메리카, 갈라파고스, 태평양, 오세아니아, 아프리카를 지나 다시 영국으로 돌아왔어.

용선생의 과학 현미경

갈라파고스는 어떤 곳일까?

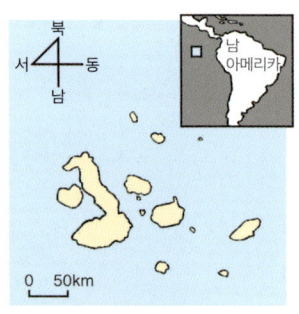
▲ 갈라파고스 지도

갈라파고스는 남아메리카 대륙으로부터 서쪽으로 약 900km(킬로미터) 떨어진 곳에 19개의 크고 작은 섬으로 이루어져 있어. 여러 섬을 통틀어 부르는 '제도'라는 말을 붙여서, 흔히 갈라파고스 제도라고도 하지. 가장 큰 섬은 제주도보다 2.5배 정도 크지만, 가장 작은 섬은 축구 경기장 정도로 작아. 또 어떤 섬은 600m(미터)가 넘는 높은 산이 있는가 하면, 어떤 섬은 야트막한 언덕만 있어. 각 섬은 기온이나 내리는 비의 양도 달라서 제각기 환경이 다르단다.

좀 더 자세히 들여다볼까?

"오, 갈라파고스에는 어떤 생물이 살아요?"
"갈라파고스에는 거북, 이구아나, 새를 비롯해 다양한 생물이 살고 있어."
"에이, 그런 동물은 다른 곳에도 살잖아요."
"하하, 갈라파고스에 사는 생물을 한번 살펴볼까?"
용선생은 화면에 사진을 띄웠다.

▼ 갈라파고스에 사는 동물들

갈라파고스땅거북 몸 길이가 1.5m나 되는 초대형 거북이야.

바다 이구아나 바다에 들어가 해초를 뜯어먹고 사는 도마뱀이야.

푸른발얼가니새 바다에 잠수하여 물고기를 잡아먹는 새야.

"헉, 동물들 생김새가 어쩐지 특이해 보여요."

"그렇지? 갈라파고스에 사는 생물들은 가까운 남아메리카의 생물과 생김새가 비슷하지만 조금 달라. 그중에는 섬마다 생물의 생김새가 다른 경우도 있지. 핀치라는 새는 섬마다 깃털 색깔이 조금씩 다르고, 특히 부리 모양이 달랐어."

"어제 제가 텔레비전에서 본 새가 그랬어요!"

나선애의 말에 왕수재가 어깨를 으쓱하며 말했다.

"달라 봐야 얼마나 다르겠어?"

"하하, 그러면 다윈이 채집한 갈라파고스의 핀치를 함께 볼까? 특히 부리를 잘 살펴봐."

용선생이 화면을 바꾸자 아이들이 외쳤다.

"어? 정말 모두 부리가 다르게 생겼어요! 깃털 색깔도 조금씩 다르고요. 이 정도면 그냥 다른 새 아니에요?"

> **곽두기의 낱말 사전**
>
> **채집** 캘 채(採) 모을 집(集). 자연에 있는 동물, 식물, 돌 등을 널리 찾거나 캐서 모으는 걸 말해.

▼ 다윈이 갈라파고스에서 채집한 핀치

용선생의 과학 현미경

핀치는 여러 종류의 핀치를 통틀어 부르는 말이야. 아프리카코끼리, 인도코끼리를 모두 코끼리라 부르고, 청둥오리, 검둥오리 등을 통틀어 오리라고 부르는 것과 마찬가지이지. 핀치는 참새와 비슷하게 생겼는데, 참새보다 몸집이 작고 꼬리가 짧아.

"다윈도 처음엔 그렇게 생각했어. 하지만 모두 핀치가 맞아. 남아메리카 대륙에 사는 핀치와 비교하면 몸 크기나 꼬리 길이 같은 특징이 거의 같지."

"그럼 어째서 섬마다 핀치의 생김새가 다른 거죠?"

"다윈도 그게 궁금했지. 그러다 자신이 살던 영국에서 사람들이 키우는 비둘기를 떠올렸어. 당시에는 특이한 생김새의 비둘기를 만들어 감상하는 것이 유행했거든."

"특이한 생김새의 비둘기를 어떻게 만들어요?"

"하나씩 생각해 보자. 지난 시간에 생물 집단은 많은 수의 개체로 이루어져 있다고 했어. 우리는 모두 사람이라는 생물 집단을 이루지만, 각자 얼굴이나 목소리가 다르지?"

"그럼요. 다 다르죠."

"이렇게 생물 집단을 이루는 개체는 저마다 생김새나 성질이 조금씩 달라. 이런 차이를 변이라고 해. 예를 들면 비둘기에는 털이 곱슬인 변이, 털이 갈색인 변이 등이 있지. 사람들은 서로 다른 변이를 가진 이 비둘기들을 골라 짝 짓기시켜 털이 곱슬이면서 갈색인 비둘기를 만들었어."

"오, 비둘기 생김새가 변한 거네요?"

나선애의 과학 사전

변이 변할 변(變) 다를 이(異). 같은 종류의 개체 사이에 모양이나 성질이 다른 걸 말해.

▲ **비둘기의 다양한 변이** 사람이 변이를 선택하여 비둘기의 생김새를 바꿀 수 있어.

"그래. 사람에 의해 변이가 선택되어 비둘기가 변한 거야. 다윈은 이런 식으로 변이가 선택되어 생물이 변하는 일이 자연에서도 일어날 거라고 생각했어."

"그게 진화인가요?"

"그렇지. 당시에는 산이나 강 같은 지형이 아주 오랜 세월에 걸쳐 느리게 변한다는 게 알려져 있었어. 다윈은 이와 비슷하게 생물도 아주 오랜 시간에 걸쳐 느리게 변한다고, 즉 생물이 진화한다고 생각한 거야."

핵심정리

생물 집단을 이루는 개체 사이에 나타나는 생김새나 성질의 차이를 변이라고 해. 다윈은 갈라파고스의 생물을 조사한 후, 생물이 진화한다고 생각했어.

 ## 진화는 어떻게 일어날까?

왕수재가 손을 번쩍 들고 물었다.

"비둘기는 사람이 짝짓기를 시켜 변했지만, 자연에서는 어떻게 생물이 변하는 거예요?"

"초원에 사는 기린을 예로 들어 볼게. 기린은 다리와 목

이 길어 키가 큰 동물로, 다른 동물이 먹기 힘든 높은 나뭇가지에 매달린 잎을 먹고 살지. 이때 여러 마리의 기린 중 목이 유난히 긴 변이를 가진 기린이 있다면 어떨까?"

"그 기린은 다른 기린보다 더 높은 곳에 있는 나뭇잎을 먹을 수 있겠죠."

"맞아. 그래서 목이 긴 기린은 먹이를 구하기 유리하고 나머지 기린은 먹이를 구하기 불리하지. 먹이를 구하지 못한 기린은 어떻게 될까?"

"먹이를 못 먹으면 결국 죽겠죠."

"그렇지. 자연에 사는 생물들은 살아남기 위해서 먹이나 살 곳을 두고 경쟁해. 이때 주어진 환경에 적응하기 유리한 변이를 가진 개체가 경쟁에서 살아남을 가능성이 높아. 살아남은 개체는 같은 변이를 가진 자손을 남기지. 그 자손은 또 자손을 남기고."

"그럼 환경에 적응하기 유리한 변이를 가진 개체가 점점 많아지겠네요?"

> **용선생의 과학 현미경**
>
> 주어진 환경에 잘 적응한 개체가 살아남는 것을 '적자생존'이라고 말해. 이때 '적자'는 힘이 센 '강자'를 뜻하는 게 아니야. 생물이 주어진 환경에서 살아남기에 적합한지가 중요하단다.

▼ 자연 선택

높은 나뭇가지에 매달린 잎을 먹기 위해 여러 기린이 경쟁해.

목이 긴 기린이 더 높은 곳의 잎을 먹을 수 있어서 경쟁에 유리해.

목이 긴 기린이 경쟁에서 살아남아 전체 기린의 목이 길어졌어.

"그렇지. 결국 생물 집단 전체가 같은 변이를 가진 개체로 이루어지게 돼. 자연 환경에 의해 변이가 선택되어 생물이 변한 셈이지. 다윈은 이걸 '자연 선택'이라고 했어. 자연 선택으로 진화가 일어나는 거야."

나선애가 필기를 멈추며 물었다.

"그럼 갈라파고스에 사는 핀치도 자연 선택이 일어나 진화한 건가요?"

"그렇단다. 딱딱한 열매가 많은 섬에서는 열매를 쪼아먹기 유리한 큰 부리를 가진 핀치가 살아남았어. 또 곤충의 애벌레가 많은 섬에서는 좁은 곳에 숨은 애벌레를 파먹기 유리한 길고 휜 부리를 가진 핀치가 살아남았지."

"먹이에 따라 자연 선택이 일어난다니!"

장하다가 눈을 크게 뜨며 외치자 용선생이 화면을 바꾸며 말했다.

"하하, 자연 선택이 일어날 때에는 먹이만 중요한 게 아니야. 이걸 보렴."

"어, 나무에 나방이 붙어 있어요."

"그래. 이건 회색가지나방이야. 흰색 바탕에 검은색 점이 있어. 이 나방은 변이가 있는데, 검은

▲ **핀치의 진화** 섬에 있는 먹이의 종류에 따라 핀치의 부리 모양이 달라.

▲ 회색가지나방의 변이

산업 발달 이전 / 산업 발달 이후

색 점이 많이 있는 검은 나방, 그리고 점이 적은 흰 나방이 있지. 1800년대 말 영국에서 산업이 발달하여 공기가 오염되자, 검은 오염 물질이 나무 줄기에 붙어 나무가 검게 변했어. 그러자 회색가지나방이 어떻게 됐을까?"

"혹시 나방도 같이 변했나요?"

"응. 검게 변한 나무에 붙어 있던 나방 중에서 흰 나방은 새들의 눈에 잘 띄어 잡아먹히고, 검은 나방은 살아남았지. 결국 변화한 환경에 적응하기 유리한 변이를 가진 검은 나방이 늘어났단다!"

"우아, 이런 것도 자연 선택이군요!"

핵심정리

주어진 환경에 적응하기 유리한 변이를 가진 개체가 살아남아 자손을 남기고, 결국 생물 집단 전체가 같은 변이를 가진 개체로 이루어지는 걸 자연 선택이라 해.

 새로운 생물이 나타나려면?

"생물이 이렇게 변해서 진화하는 거네요!"

놀라워하는 아이들 틈에서 곽두기가 걱정스러운 얼굴로 물었다.

"그런데 변이가 생겨서 생물이 자꾸 달라지다가 원래 생물이랑 아주 많이 달라지면 어떡해요?"

"실제로 그런 일이 일어난단다. 오랜 시간 동안 새로운 변이가 나타나 자연 선택이 계속 일어나면 새로운 생물이 나타나지. 즉, 진화가 일어나서 새로운 종류의 생물이 생겨. 이러한 생물을 새로운 종이라고 불러."

"종이요? 딸랑딸랑 소리 나는 종은 아니죠?"

"하하, 아니야. 종이란 같은 특징을 가지면서, 세대를 이어나갈 수 있는 자손을 만들 수 있는 생물 집단을 말해. 예를 들어 개, 고양이, 돼지는 서로 다른 종이지. 하지만 불도그, 푸들, 비글은 모두 개라는 같은 종이야."

 용선생의 과학 현미경
씨, 혈통, 종류라는 뜻을 가진 種(종)이라는 한자를 써.

개, 고양이, 돼지 등은 모두 다른 종

불도그, 비글 등은 모두 같은 종(개)

▲ 다른 종과 같은 종

"근데 세대를 이어나갈 수 있다는 게 무슨 말이에요?"

"자손이 또 자손을 남길 수 있다는 말이야."

"엥, 그건 당연한 것 같은데……"

"아닌 경우도 있거든. 때로는 서로 다른 종끼리 짝짓기 하여 자손을 낳기도 해. 하지만 이 자손은 세대를 이어나 갈 수 없어. 화면을 보렴."

"오, 애네는 사자예요, 호랑이예요?"

"이들은 호랑이와 사자가 짝짓기해 태어난 자손인 라이거와 타이곤이야. 라이거는 다른 라이거와 짝짓기해도 자손을 남길 수 없어. 타이곤도 마찬가지고. 그러니

▲ **라이거** 수컷 사자와 암컷 호랑이가 짝짓기해 태어나.

▲ **타이곤** 수컷 호랑이와 암컷 사자가 짝짓기해 태어나.

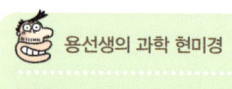

용선생의 과학 현미경

라이거나 타이곤은 서로 다른 종 사이에 태어난 잡종이야.

호랑이와 사자는 서로 다른 종이란다. 그리고 자손을 낳을 수 없는 라이거나 타이곤은 아예 종이 아니지."

"아하, 이제 종이 뭔지 확실히 알겠어요."

"그래. 한 종은 오랜 시간 동안 여러 세대를 거치면서 수많은 변이가 생기며 진화가 일어나. 진화가 일어나서 새로운 종이 생기는 거지. 그러다가 원래 있던 종은 사라지고 새로운 종만 남을 수도 있고, 원래 있던 종과 새로운 종이

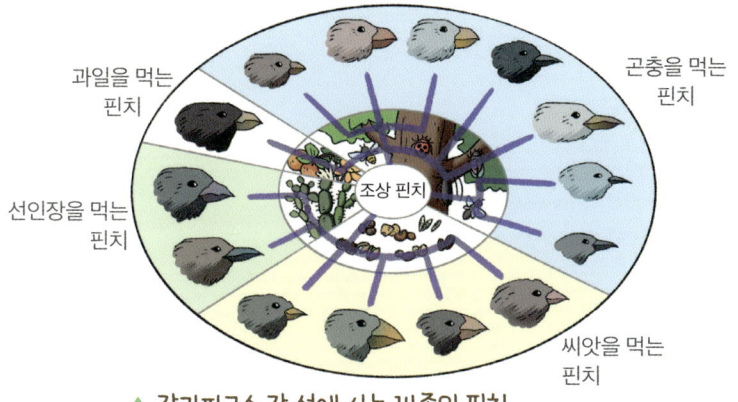

▲ 갈라파고스 각 섬에 사는 14종의 핀치

모두 남아 여러 종이 있을 수도 있어."

"그럼 핀치는 모두 같은 종인가요?"

"갈라파고스에 사는 핀치의 경우, 한 종의 핀치가 각 섬에 자리 잡은 다음 제각기 진화했어. 조상 핀치는 섬의 환경에 적응하지 못하면서 사라졌고, 섬마다 환경에 적응한 새로운 종의 핀치만 남은 거야."

"어? 그럼 각 섬에 사는 핀치는 종이 다 달라요?"

"그래. 오랜 시간이 지나면서 다른 섬에 사는 핀치끼리는 짝짓기해도 세대를 이어갈 수 있는 자손을 낳을 수 없어. 핀치라고 통틀어 부르지만, 사실 모두 다른 종이란다."

"우아. 진화 덕분에 핀치 종이 많아졌네요!"

"하하, 그렇단다. 지구에 다양한 생물이 있게 된 건 모두 진화 덕분이라는 점을 꼭 기억해. 오늘 수업은 여기까지!"

종이란 같은 특징을 가지면서, 세대를 이어나갈 수 있는 자손을 만들 수 있는 생물 집단을 말해.

나선애의 정리노트

1. 다윈의 연구
① 1835년에 남아메리카 근처 ⓐ [　　　]의 생물을 조사함.
  • 각 섬마다 핀치의 부리 모양이 다르다는 것을 발견함.
② 생물이 진화한다는 사실을 과학적으로 처음 밝힘.

2. 진화의 과정
① 변이
  • 생물 집단을 이루는 개체 사이에 나타나는 생김새나 성질의 차이
② 자연 ⓑ [　　　]
  • 자연에 사는 생물들은 살아남기 위해 경쟁함.
    → 환경에 적응하기 유리한 변이를 가진 개체가 경쟁에서 살아남음.
    → 살아남은 개체가 같은 ⓒ [　　　]를 가진 자손을 남김.
    → 생물 집단 전체가 같은 변이를 가진 개체로 이루어짐.

3. 종
① 같은 특징을 가지면서, 세대를 이어나갈 수 있는 ⓓ [　　　]을 만들 수 있는 생물 집단
② 한 종이 진화하여 새로운 종이 생길 수 있음.

ⓐ 갈라파고스 제도 ⓑ 선택 ⓒ 변이 ⓓ 자손

 # 과학퀴즈 달인을 찾아라!

●정답은 115쪽에

01

친구들이 이번 시간에 배운 내용에 대해 이야기하고 있어. 옳으면 O, 옳지 않으면 X를 표시해 줘.

① 한 종의 핀치가 갈라파고스 각 섬에서 제각기 진화했어. (   )
② 라이거는 다른 라이거와 짝짓기하여 자손을 남길 수 있어. (   )
③ 불도그, 푸들, 비글은 서로 다른 종이야. (   )

02

다음 보기 의 문장 속 괄호에 들어갈 말을 순서대로 이으면 어떤 모양이 나온대. 정답을 찾아서 어떤 모양이 나오는지 그려 봐.

> **보기**
> 생물은 살아남기 위해 먹이나 살 곳을 두고 (   )해.
> 이때 주어진 환경에 적응하기 유리한 (   )를
> 가진 개체가 살아남아 (   )을 남겨.
> 다윈은 이를 (   )이라고 했어.

자연 선택 •   • 자손

변이 •   • 경쟁

| 용선생의 과학 카페 | 용선생의 한국사 카페 | 용선생의 세계사 카페 | |

https://cafe.naver.com/yongyong

용선생의 과학 카페

과학계의 핵인싸,
용선생의 과학 카페에
오신 걸 환영합니다.

[Log in]

MENU
물리면 아프다
화학이 화하하
생물 오징어
지구는 둥글다

고추와 피망은 무슨 관계일까?

다들 고추와 피망 먹어 봤지? 고추는 가늘고 길며 매운맛이 강하고, 피망은 두툼하고 매운맛이 약하지. 그런데 고추와 피망은 사실 같은 종이라는 거 아니?

고추와 피망은 서로 달라 보이지만, 잘 살펴보면 공통점도 있어. 둘 다 열매 겉 부분은 매끈매끈 윤기가 나고, 열매 속에 납작한 씨가 많이 맺히지. 고추와 피망은 같은 종이지만, 열매의 생김새와 맛에서 변이를 나타내는 거야. 이렇게 자연 상태의 한 종 안에서 변이가 생겨서 다른 생김새와 성질을 나타내는 생물 집단을 '변종'이라고 불러. 피망은 고추의 변종이란다.

고추   피망

 피망은 고추의 변종이야.

사람들은 다양한 변이를 나타내는 변종을 찾아서 이용하고 있어. 고추와 피망은 각각 음식의 재료로 쓰이지. 변종을 이용하는 정도에 그치지 않고, 때로는 직접 만들기도 한단다. 사람들이 서로 다른 변이를 가진 비둘기를 짝짓기시켜서 또 다른 변이를 가진 비둘기 자손을 만든 것처럼 말이야.

사람들은 이와 비슷한 방법으로 가축이나 농작물에 원하는 변이가 나타나게 만들어. 이렇게 사람이 가축이나 농작물의 품질을 올리기 위해 인위적으로 특정한 변이를 나타내게 만든 생물 집단을 '품종'이라고 불러. 예를 들어 포도 중에는 캠벨, 거봉, 샤인머스캣 같은 이름을 붙인 품종이 있지.

장하다의 오답을 피하는 방법
나선애의 야무진 실험실
왕수재의 아는 척 과학교실
허영심의 별 헤는 밤
곽두기의 빅뱅 따라잡기

캠벨   거봉   샤인머스캣

▲ 다양한 포도 품종

사람들이 키우는 반려 동물도 품종이 있어. 불도그, 비글, 푸들은 모두 개의 품종 이름이지. 고양이의 경우 러시안 블루, 페르시안, 아비시니안 같은 품종이 있단다.

러시안 블루   페르시안   아비시니안

▲ 다양한 고양이 품종

COMMENTS

 종, 종, 종으로 끝나는 말은?
ㄴ 변종!
ㄴ 품종!
ㄴ 세종?
ㄴ 어휴, 못 말리는 별종….

3교시 | 생물의 역사

오래전 지구에는 어떤 생물이 살았을까?

바닷가에 특이한 바위가 많이 있어.

이게 다 아주 오래된 생물의 화석이래.

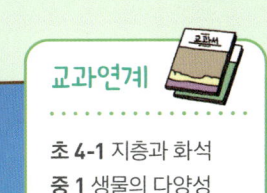

교과연계

초 4-1 지층과 화석
중 1 생물의 다양성

"어제 선물로 받은 화석이야. 멋지지?"

아이들이 장하다가 내보인 화석을 만져 보며 말했다.

"그냥 돌멩이 아니야? 무슨 화석인데?"

장하다가 "이름이 길었는데, 뭐였지?"하며 머리를 긁적이자 용선생이 다가와 말했다.

"하하, 이건 '스트로마톨라이트'라고 하는 화석이지."

"아, 맞아요! 이래 봬도 수십 억 년 된 화석이래요."

"우아, 그렇게 오래전에는 어떤 생물이 살았던 거죠?"

 ### 지구에 나타난 최초의 생물은?

"그럼 이번 시간에는 오래전 지구에 살았던 생물들에 대

해 알아보는 게 어떨까?"

"좋아요. 어서 알아봐요!"

"일단 지구에 처음 생물이 나타난 건 지금으로부터 약 38억 년 전이란다."

"38억 년이요? 정말 아주아주 오래전이네요!"

"그렇지? 최초의 생물은 세포 하나로 이루어져 있었어. 세포는 생물의 몸을 이루는 기본 단위로, 생명 활동이 일어나는 곳이야. 세포는 밖에서 영양분을 얻은 다음, 에너지를 만들어 살아가. 또 자신과 똑같은 개체를 만들어 수를 불릴 수 있지."

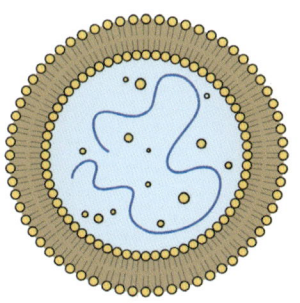

▲ 지구 최초의 생물 세포 하나로 이루어져 있었어.

"흠, 그 생물이 진화해서 다른 생물이 나타난 건가요?"

"맞아. 지난 시간에 주어진 환경에 적응하기 유리한 변이를 가진 개체가 살아남아 진화가 일어난다고 했지? 세포 하나로 이루어진 최초의 생물도 여러 가지 변이가 나타났고, 차차 진화가 일어났어. 그러다 아주 중요한 특징을 가진 생물이 나타났지."

"어떤 생물인데요?"

"밖에서 영양분을 얻어 살아가는 다른 생물과 달리, 이 생물은 햇빛을 받아 스스로 영양분을 만드는 광합성을 했어. 바로 '남세균'이라고 부르는 생물이 나타난 거야."

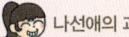

나선애의 과학 사전

광합성 빛 광(光) 합할 합(合) 이룰 성(成). 생물이 물, 햇빛, 이산화 탄소를 이용해 스스로 영양분을 만드는 걸 말해.

"오, 스스로 영양분을 만들면 살아남기 유리하겠네요?"

"맞아. 남세균은 바다에 살면서 스스로 영양분을 만들며 엄청나게 많아졌어. 그러다 돌에 붙어 자란 남세균 위에 바닷속을 떠다니던 물질들이 쌓였고, 남세균은 이 물질들과 함께 굳었지. 이것이 반복되어 층층이 쌓여 생긴 화석이 바로 스트로마톨라이트야."

장하다가 화석을 쓰다듬으며 말했다.

"오호, 이게 그렇게 만들어진 거군요!"

"그런데 말이야, 남세균에 대한 놀라운 사실이 하나 더 있어. 남세균은 산소를 내보낸단다!"

"네? 산소를 내보낸다고요?"

"응. 광합성을 하면 산소가 생겨. 근데 남세균에게 산소는 아무 쓸모가 없어서 세포 밖으로 내보내. 원래 지구에는 산소가 없었는데, 남세균 때문에 지구에 산소가 생겼지."

◀ 호주 바닷가에 있는 스트로마톨라이트

얇고 둥근 모양의 층이 쌓여 있는 모습

"헉, 지구에 산소가 없다가 생긴 거였어요?"

"그래. 남세균이 많아지면서 이들이 내보내는 산소도 엄청나게 많아졌지."

"그 산소는 어떻게 됐어요?"

"산소는 처음에는 바닷물에 녹아 있다가, 바닷물에 산소가 너무 많아지자 차차 공기 중으로 빠져나왔어. 지구의 공기에 산소가 점점 많아지면서 환경이 크게 달라졌단다. 그 결과 새로운 생물이 나타났지."

핵심정리

약 38억 년 전 지구에 최초의 생물이 나타났어. 이후 남세균이 나타나 지구에 산소가 생겼지.

육상 생물이 나타나다!

"오, 진화가 일어난 건가요?"

곽두기가 눈을 크게 뜨며 물었다.

"맞아! 산소가 많은 환경에 적응하지 못한 생물은 죽고, 적응한 생물은 살아남았지. 바로 산소를 써서 에너지를 만

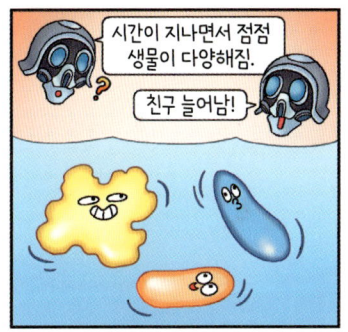

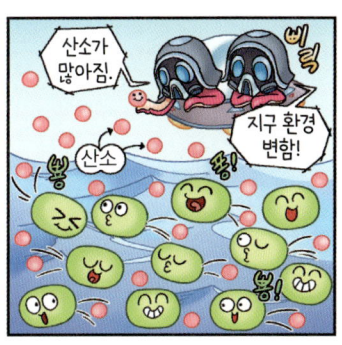

드는 생물이 나타난 거야. 산소를 써서 에너지를 만들면 살아남는 데 유리한 점이 있지."

"어떤 점이 유리한데요?"

"산소를 쓰면 같은 양의 영양분에서 더 많은 에너지를 얻을 수 있어. 에너지를 많이 만들면 뭐가 좋을까?"

장하다가 손을 번쩍 들며 말했다.

▲ 산소를 써서 에너지를 만드는 생물

"저 알아요. 밥 먹고 에너지가 넘치면 축구를 오래 할 수 있어요!"

"하하, 잘 말해 줬어. 에너지가 많으면 더 많은 일을 할 수 있지. 그래서 산소를 쓰는 생물은 복잡하고 다양한 일을 할 수 있게 됐어. 약 25억 년 전, 그러니까 최초의 생물이 나타나고 약 13억 년이 지난 다음, 크기가 더 크고 구조와 기능이 복잡한 세포로 이루어진 생물이 나타났단다."

"어, 13억 년이나 더 걸린 거라고요?"

"그래. 정말 오래 걸렸지? 이후 많은 세포로 이루어진 생물이 나타났어. 이 생물의 세포는 각자 정해진 일을 맡아서 하기 시작했지."

"어떻게요?"

"어떤 세포들은 몸을 움직이는 일을 하고, 어떤 세포들

> **용선생의 과학 현미경**
> 크기가 크고 복잡한 세포 중에도 광합성을 할 수 있는 세포가 있었어. 이 세포로 이루어진 생물도 산소를 내보내면서, 지구에는 산소가 점점 더 많아졌단다.

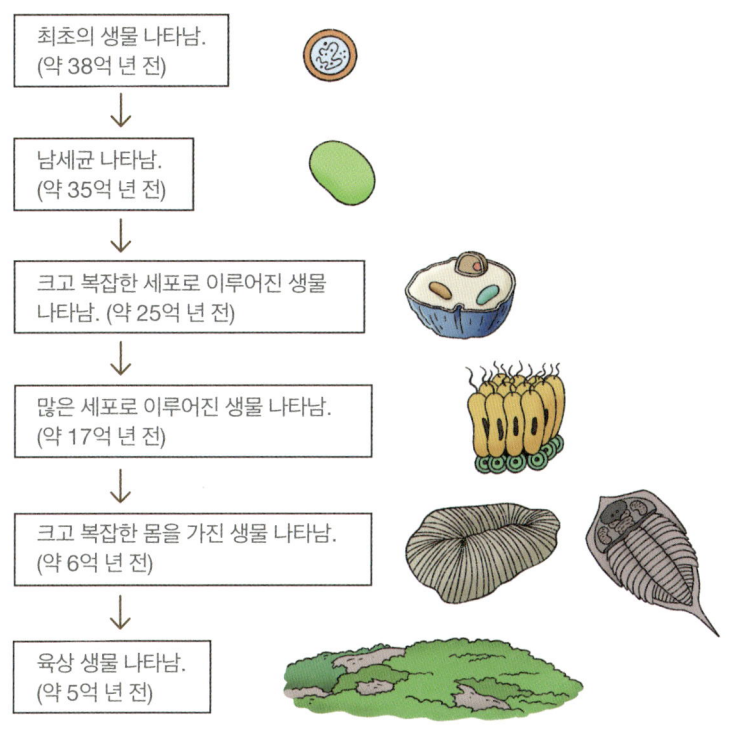

▲ 생물 진화의 역사

은 필요 없는 물질을 내보내는 일을 하는 식으로 각자 일을 나누어 하는 거야. 그러다가 많은 세포로 이루어져 있으면서 더 크고 복잡한 몸을 가진 생물이 나타났단다."

나선애가 필기를 멈추며 말했다.

"지구 환경이 바뀌면서 지구에 사는 생물도 엄청 달라졌네요."

"맞아. 근데 산소 때문에 지구 환경에 또 다른 변화가 일어났어. 공기 중에 많아진 산소 중 일부가 '오존'이라는 기

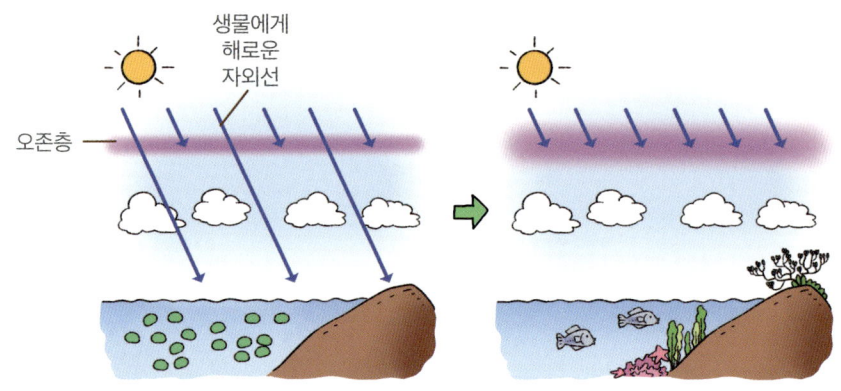

▶ 육상 생물의 등장   오존층이 생겨 자외선을 막기 시작함.   오존층이 두터워지자 육상 생물이 나타남.

체 물질로 변했거든. 오존이 많아지면서 층을 이뤄 지구를 둘러쌌는데, 이걸 오존층이라고 해."

"오존층이요? 그게 뭘 하는데요?"

"오존층은 생물에게 해로운 자외선을 막아 준단다. 오존층이 없을 때에는 자외선을 막는 건 물뿐이어서, 생물들은 바닷속에서만 살았어. 그러다 오존층 덕분에 물 밖에서 햇빛을 쪼여도 살 수 있게 됐지. 마침내 땅에서도 생물이 살게 된 거야."

"오호, 오존층이 정말 중요한 역할을 했군요."

"하하, 맞아. 먼저 곰팡이 같은 생물이 땅을 차지했고, 이후 땅에 사는 육상 식물이 나타났지. 또 이걸 먹는 육상 동물도 나타났단다."

용선생의 과학 현미경

햇빛에는 눈에 보이는 빛 말고도 여러 종류의 빛이 있어. 자외선도 그중 하나야. 자외선 중 일부는 생물의 몸에 해를 끼치거나 생물을 죽게 할 정도로 해로워. 오존층은 생물에게 해로운 자외선을 어느 정도 막아 줘. 오존층을 통과해 들어오는 자외선을 막기 위해 피부에 선크림을 바른단다.

곽두기의 낱말 사전

육상 땅 육(陸) 위 상(上). 땅 위를 말해.

 **핵심정리**

지구에 크고 복잡한 세포로 이루어진 생물, 많은 세포로 이루어진 생물, 크고 복잡한 몸을 가진 생물, 육상 생물이 차례로 나타났어.

삼엽충이 사라진 까닭은?

"이야! 이렇게 바다와 땅에 나타난 수많은 생물들은 지금도 살아 있나요?"

"다는 아니야. 지구 환경이 계속 바뀌면서 새로운 환경에 적응하지 못한 많은 생물이 사라졌어. 예를 들어 삼엽충은 바다에서 수억 년 동안 살던 생물인데, 약 2억 5200만 년 전 멸종해서 지금은 볼 수 없단다."

▲ 약 5억 년 전 바다에 살던 삼엽충의 화석

"멸종이요? 그건 뭐예요?"

"멸종은 한 종을 이루는 생물 집단 전체가 사라지는 현상을 말해. 환경이 아주 크게 변해서 어떠한 변이가 있어도 살아남지 못하고 다 죽는 거야."

"환경이 얼마나 크게 변했길래요?"

"약 2억 5200만 년 전, 지구는 땅덩어리가 심하게 움직이고 화산 폭발이 자주 일어나면서 환경이 크게 변했어. 그래서 당시에 살던 생물 대부분이 멸종했지. 특히 바다에 살던 생물의 경우 100종 중에서 96종 꼴로 멸종했어. 삼엽충을 포함해서 말이지."

"헉! 정말 어마어마하게 사라졌네요."

| 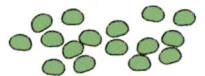 선캄브리아 시대
(약 46억 년 전 ~ 약 5억 4100만 년 전) |  고생대
(약 5억 4100만 년 전 ~ |

▲ 지질 시대의 구분

"이렇게 생물이 급격한 환경 변화에 적응하지 못하고 대규모로 멸종하는 것을 대멸종이라고 불러. 대멸종 전과 후는 생물 종류가 엄청나게 달라. 그래서 발견되는 화석의 종류도 매우 다른데, 이걸 이용해 지질 시대를 구분한단다."

"지질 시대요?"

"그래. 지질 시대는 지구가 생겨난 뒤부터 지금까지의 기간을 말해. 크게 선캄브리아 시대, 고생대, 중생대, 신생대로 나눠. 아까 살펴본 삼엽충은 고생대에 살던 생물이야. 삼엽충이 멸종했던 대멸종을 기준으로 고생대가 끝나고 중생대가 시작되지."

그러자 왕수재가 안경을 고쳐 쓰며 말했다.

"아, 중생대는 들어 봤어요. 공룡이 살던 시대죠?"

"맞아. 중생대 말기에는 지구에 운석이 충돌하여 큰 폭발이 일어났어. 지구 환경이 급격하게 변해 또 대멸종이 일어났고, 이 대멸종 이후를 신생대로 구분하지."

"그런 대멸종 이후에도 살아남은 생물이 있었군요?"

 용선생의 과학 현미경

우주를 떠돌던 다양한 크기의 바윗덩어리가 지구에 끌려 들어와 불타는 걸 유성이라고 해. 불타고 남은 유성이 지구 표면에 떨어지면 운석이라고 불러.

2억 5200만 년 전)	중생대 (약 2억 5200만 년 전 ~ 약 6600만 년 전)	신생대 (약 6600만 년 전 ~ 오늘날)
대멸종		대멸종

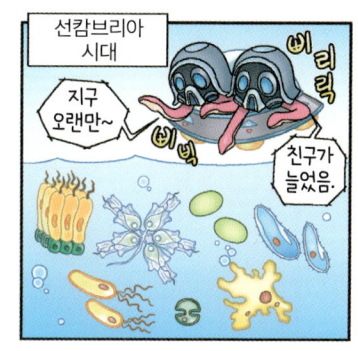

"그럼. 변한 환경에 적응하기 유리한 변이를 가진 개체가 살아남았지. 함께 살던 생물들이 대멸종으로 대부분 죽고 없으니, 지구는 살아남은 생물의 세상이 되는 거야. 이때에는 다양한 변이를 가진 개체들이 모두 살아남을 가능성이 매우 커. 그래서 대멸종 이후에는 진화가 급격하게 일어나 새로운 종이 많이 나타나지."

"아하, 그렇게 새로운 시대가 시작되는 거군요!"

그때 곽두기가 장하다에게 슬쩍 다가가 말했다.

"하다 형, 스트로마톨라이트 자세히 보고 싶어. 나 하루만 빌려주면 안 돼?"

"나도, 나도!"

다른 아이들까지 몰려들자 장하다가 뻐기며 말했다.

"에헴, 줄을 서시오!"

핵심정리

지구 환경이 급격하게 변하면 대멸종이 일어나. 대멸종 전후로 발견되는 화석의 종류가 많이 달라지는데, 이에 따라 지질 시대를 구분해. 대멸종 이후에는 생물의 진화가 급격하게 일어나.

나선애의 정리노트

1. 생물의 역사
① 세포 하나로 된 최초의 생물이 나타남.
② 스스로 영양분을 만드는 ⓐ _____ 이 나타남.
③ 크고 복잡한 세포로 이루어진 생물이 나타남.
④ 많은 세포로 이루어진 생물이 나타남.
⑤ 크고 복잡한 몸을 가진 생물이 나타남.
⑥ 땅에 사는 ⓑ _____ 생물이 나타남.

2. 지질 시대
① 지구가 생겨난 뒤부터 지금까지의 기간
② 발견되는 ⓒ _____ 의 종류를 기준으로 구분함.
- 선캄브리아 시대 → ⓓ _____ → 중생대 → 신생대
- ⓔ _____ : 생물이 급격한 환경 변화에 적응하지 못하고 대규모로 멸종하는 현상

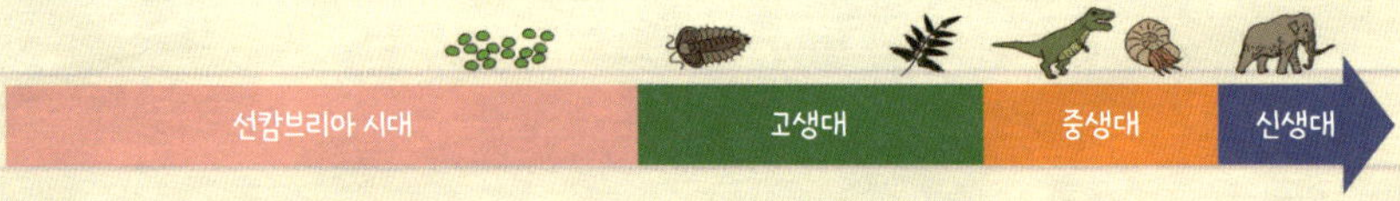

선캄브리아 시대 | 고생대 | 중생대 | 신생대

ⓐ 식물 ⓑ 육상 ⓒ 화석 ⓓ 고생대 ⓔ 대멸종

 # 과학퀴즈 달인을 찾아라!

●정답은 115쪽에

01

친구들이 이번 시간에 배운 내용에 대해 이야기하고 있어. 옳으면 O, 옳지 않으면 X를 표시해 줘.

① 최초의 생물은 세포 하나로 이루어져 있었어. (   )
② 육상 동물이 나타난 다음 육상 식물이 나타났어. (   )
③ 삼엽충은 멸종해서 지금은 없어. (   )

02

용선생이 등산을 가면서 남긴 쪽지를 친구들이 발견했어. 용선생이 오르려고 하는 산의 이름을 맞히면 기념품을 얻을 수 있대. 친구들이 정답을 맞힐 수 있게 도와줘.

☐에 들어갈 글자를 순서대로 연결하시오.

[힌트1] 지구를 둘러싼 ☐존층은 생물에게 해로운 자외선을 막아 줘.
[힌트2] 생물이 대규모로 멸종하는 것을 ☐멸종이라고 해.
[힌트3] 남세균이 ☐소를 내보내 지구 환경이 크게 달라졌어.

👍 정답은 ☐☐☐ 이야!

용선생의 과학 카페

https://cafe.naver.com/yongyong

용선생의 과학 카페

과학계의 핵인싸,
용선생의 과학 카페에
오신 걸 환영합니다.

Log in

MENU

물리면 아프다
화학이 화하하
생물 오징어
지구는 둥글다

지구에 어떻게 생물이 나타났을까?

우리가 살고 있는 지구는 무려 46억 년 전에 생겨났어. 이후 생물이 처음 나타나기까지 어떤 일이 있었는지 함께 알아보자.
약 46억 년 전 지구는 매우 뜨거웠어. 모든 것이 녹아 끓고 있었고, 아직 땅조차 없었지. 우주에서 날아온 작은 천체가 부딪혀 폭발하기도 했어.

시간이 지나면서 지구는 서서히 식기 시작했어. 공기 중에 있는 수증기가 구름을 이루고 비로 내려서 지구에 바다가 생겼지. 지구가 식었어도 지금보다는 훨씬 뜨거웠어. 바다는 부글부글 끓고 있었고, 하늘엔 번개가 번쩍였지.

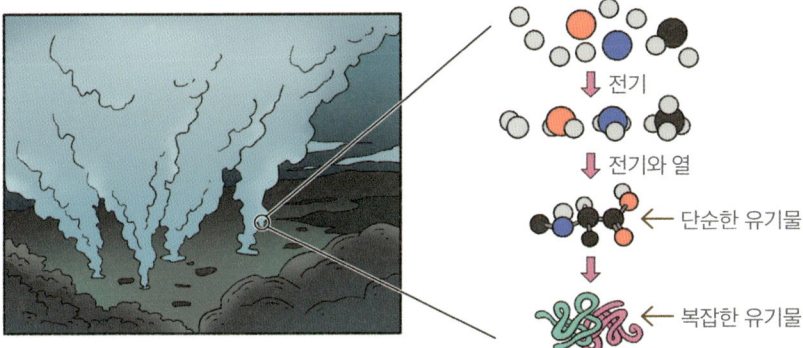

← 단순한 유기물
← 복잡한 유기물

번개에서 나오는 전기, 그리고 바닷속 구멍에서 나오는 뜨거운 열로 인해, 알갱이 상태로 있던 바닷물 속 물질이 변하여 유기물이 생겼어. 유기물은 탄소가 수소나 질소와 결합한 물질인데, 모든 생물의 몸을 이루는 물질이란다.

약 40억 년 전 ──────────────→ 약 38억 년 전

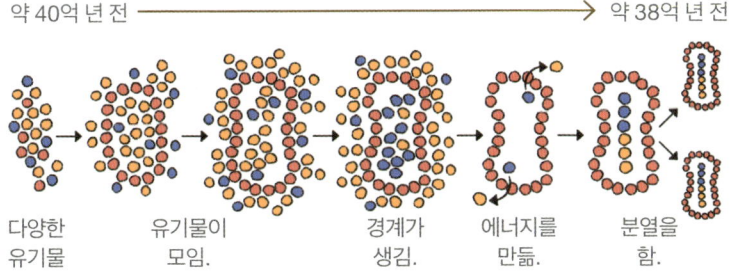

다양한 유기물 / 유기물이 모임. / 경계가 생김. / 에너지를 만듦. / 분열을 함.

다양한 유기물이 생기고 모이면서, 우연히 경계가 생겨 분리된 공간이 만들어졌어. 유기물이 모인 방이 생긴 거야. 이 유기물 방은 주변의 다른 유기물을 먹어서 에너지를 만들고 점점 복잡하게 발달했어. 심지어 자신과 똑같이 생긴 새로운 방을 만들어 냈지. 분열하여 번식을 시작한 거야! 이게 바로 약 38억 년 전 지구에 처음 나타난, 세포 하나로 된 생물이란다.

장하다의 오답을 피하는 방법
나선애의 야무진 실험실
왕수재의 아는 척 과학교실
허영심의 별 헤는 밤
곽두기의 빅뱅 따라잡기

COMMENTS

- 유기물의 반대말은?
  - 물기유?
  - 유기불?
  - 있을 유(有)의 반대말인 없을 무(無)를 써서 무기물이지!

4교시 | 동물의 진화

공룡이 진화하여 어떤 동물이 나타났을까?

으악! 거대한 공룡이다!

그냥 모형이야. 공룡은 다 멸종하고 없어.

과학실에 들어선 아이들이 책상마다 놓인 상자를 발견했다.

"공룡 모형 만들기 상자다!"

"상자마다 전부 다른 공룡이네. 힝, 내가 다 만들고 싶다!"

곽두기가 눈을 반짝이며 말하자, 허영심이 고개를 절레절레 흔들었다.

"공룡이 그렇게 좋아? 이미 죽고 없는 동물인걸?"

"응! 내 마음속엔 공룡이 살아 있다고!"

그러자 용선생이 아이들에게 다가와 말했다.

"하하, 공룡은 죽고 없지만, 공룡이 진화하여 나타난 동물은 지금도 살아 있단다!"

"네? 그게 정말이에요?"

"도대체 어떤 동물인데요?"

공룡의 조상을 찾아서

"이번 시간에 공룡이 어떻게 나타났는지, 또 공룡이 진화하여 어떤 동물이 나타났는지 함께 알아볼까?"

"네! 궁금하니까 빨리 알려 주세요!"

"좋아. 등 한가운데 있는 등뼈를 척추라고 하는데, 척추가 있는 동물을 척추동물이라고 해. 공룡도 척추동물이야. 그러니 최초의 척추동물이 공룡의 조상이라 할 수 있지. 최초의 척추동물은 고생대에 나타났어. 바로 물고기라고도 부르는 어류란다."

"공룡의 조상이 물고기라고요? 놀랍네요."

"어류는 물속에서 아가미로 숨을 쉬고 지느러미로 헤엄을 치며 살아가는 수중 척추동물이야. 고생대 바다에는 다양한 어류가 나타나 번성했단다. 시간이 흘러 어류 중에서 특이하게 진화한 종이 나타났어. 화면을 보렴."

"오, 이건 뭐예요?"

"이건 '틱타알릭'이라는 동물이야. 틱타알릭은 몸 아래쪽 네 개의 지느러미에 뼈가 있어서 지느러미로 몸을 지탱하고 움직일 수 있었지."

▲ **하이쿠이크티스 상상도** 고생대 초기인 약 5억 3000만 년 전에 살았던 최초의 척추동물인 어류야.

곽두기의 낱말 사전

번성 우거질 번(蕃) 성할 성(盛). 한창 성하게 일어나 널리 퍼지는 걸 말해.

▲ **틱타알릭 상상도** 약 3억 7500만 년 전에 살았던 동물로, 물에 사는 동물과 땅에 사는 동물의 특징을 한 몸에 가졌어.

나선애의 과학 사전

양서류 두 양(兩) 살 서(棲) 무리 류(類). 개구리, 두꺼비, 도롱뇽 등이 속한 척추동물의 한 무리로, 땅과 물을 오가며 살아.

곽두기의 낱말 사전

원시 근원 원(原) 처음 시(始). 원래 처음 있던 것을 말해.

"어, 지느러미가 꼭 동물의 다리 같아요."

"잘 봤어. 또 아가미뿐 아니라 폐도 있어서 물 밖에서도 숨을 쉴 수 있었단다. 틱타알릭은 물에 사는 동물과 땅에 사는 동물의 특징을 한 몸에 가진 거야. 틱타알릭이 진화하여 네 발로 걷는 육상 척추동물이 나타났지."

"그래요? 어떤 동물인데요?"

"최초의 육상 척추동물은 주로 땅에서 먹이를 구하지만 물에 알을 낳아서, 물과 땅을 오가며 살았어. 오늘날의 개구리 같은 양서류의 조상이라 원시 양서류라고 불러. 결국 어류가 진화해서 양서류가 나타난 거야."

"오호, 그렇군요!"

"근데 진화해서 새로운 종이 나타나도, 원래 있던 종이 꼭 없어지는 건 아니라고 했지? 어류 중 일부가 진화해서 육상 척추동물이 나타났지만, 여전히 바다에는 수많은 어류가 살면서 진화해 왔단다."

"아하, 어류와 양서류는 각자 진화를 계속 해 온 거군요?"

"맞아! 이렇게 같은 조상에서 진화하여 나타난 자손을 나무를 눕힌 모양의 그림으로 나타낼 수 있어. 조상을 나무 뿌리 쪽에 두고, 자손을 나뭇가지 쪽에 두지. 어류와 양서류의 진화를 그림으로 그려 볼게."

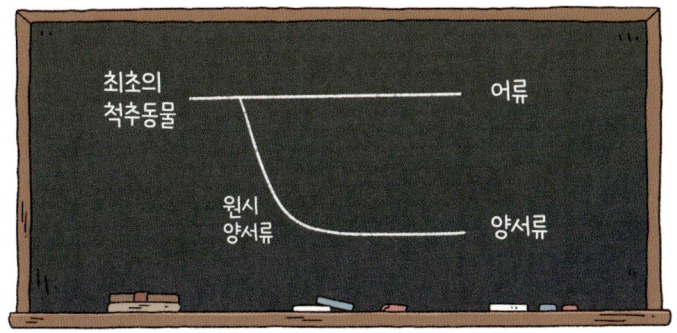

▲ 어류와 양서류의 진화

용선생이 칠판에 그림을 그리자, 왕수재가 말했다.

"어류의 가지 아래로 양서류 가지가 새로 나왔네요. 어류 중 일부가 진화해서 양서류가 나타났다는 거죠?"

"바로 그거야!"

최초의 척추동물인 어류 중 일부가 진화하여 육상 척추동물인 양서류가 나타났어.

 ## 공룡이 중생대에 번성한 까닭은?

곽두기가 공룡 모형 상자를 만지작거리며 말했다.

"저는 공룡 얘기가 궁금해요. 공룡은 언제 나타나요?"

"하하, 이제 곧 공룡이 등장할 거야. 원시 양서류가 진화

하여 양서류가 나타났다고 했지? 그런데 원시 양서류 중 일부가 진화하여 원시 파충류가 나타났단다. 이들은 양서류처럼 물과 땅을 오가지 않고, 땅에서만 살 수 있게 되면서 땅에 알을 낳았지."

"그 다음에는요?"

"원시 파충류가 진화하여, 중생대에는 다양한 파충류가 나타나 번성했어. 공룡이 바로 파충류에 속하지."

"와, 드디어 공룡이 나타났군요!"

용선생은 고개를 끄덕이며 새로운 화면을 띄웠다.

"공룡은 중생대에 나타나 약 2억 년 동안 지구 전 지역 육상에서 번성했던 파충류야. 대체로 크기가 매우 큰 편이고, 생김새와 먹이, 생활 방식이 다양했지."

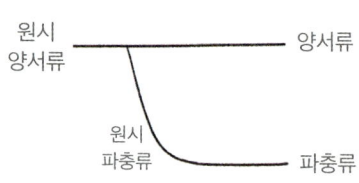

▲ 파충류의 진화

▲ **다양한 파충류** 공룡은 파충류에 속해.

"맞아요. 티라노사우루스 같은 육식 공룡도 있고, 스테고사우루스 같은 초식 공룡도 있죠."

그때 나선애가 화면을 가리키며 물었다.

"근데 익룡은 공룡이 아니에요? 이름은 비슷하잖아요."

"이름이 공룡과 비슷해서 오해하기 쉽지만, 하늘을 나는 익룡이나 물속에 사는 어룡, 수장룡은 공룡이 아닌 파충류야. 공룡이 살던 시대에 땅에는 악어나 도마뱀 같은 파충류도 살고 있었지만 이들을 공룡이라고 부르지 않는 것과 마찬가지란다."

"공룡은 다른 파충류랑 뭐가 다른데요?"

"공룡과 다른 파충류를 비교해 보면 다리의 구조가 달라. 다른 파충류는 다리가 몸통의 옆에 기역 자로 나 있어. 이와 달리 공룡은 다리가 몸통 아래에 일자로 뻗어 있지."

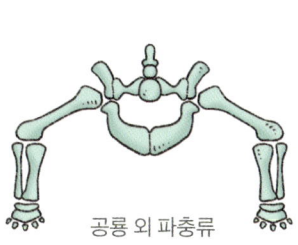
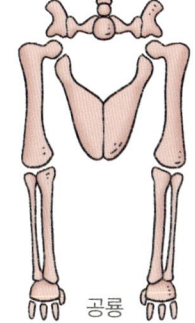

▲ 공룡 외 파충류와 공룡의 다리 구조 비교

"오, 다리가 일자인 게 중요한가요?"

"중요하지. 예를 들어 도마뱀은 걸을 때 몸통이 함께 움직여서 휘어져. 그럼 몸통 속에 있는 폐가 눌려서 숨쉬기가 힘들지. 그래서 도마뱀은 천천히 걸어 다니고 대체로 몸집도 작아. 숨을 잘 쉬어야 풍부한 산소로 에너지를 많이 만들고 몸도 크게 자라는데, 도마뱀은 그렇지 못한 거야."

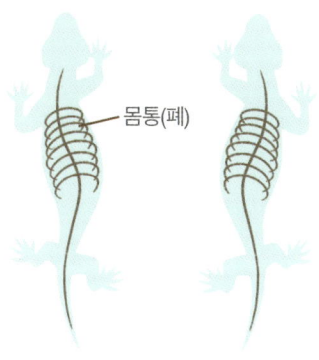

▲ 도마뱀이 걷는 모습

▲ **걷는 모습의 공룡 뼈 모형** 공룡은 다리를 움직여도 폐가 있는 몸통이 함께 움직이지 않아.

"그럼 공룡은 걸을 때 몸이 안 휘나요?"

"응. 공룡은 몸 아래쪽에 일자로 뻗은 다리가 몸통과 따로 움직이기 때문에, 걸어도 폐가 눌리지 않아. 자연히 빠르게 달릴 수도 있고, 몸집도 커졌어. 덩치가 크고 빠르게 움직일 수 있으니 다른 동물과의 경쟁에서 유리했지. 그래서 중생대 지구가 공룡 세상이 된 거야."

곽두기가 손뼉을 짝 치며 말했다.

"와! 역시 공룡은 멋져요!"

"그래. 중생대 지구에는 다양한 변이를 가진 공룡이 나타났어. 그중에 특별한 공룡이 있었지. 바로 깃털 달린 날개가 있는 공룡이야."

"네? 날개가 있다고요? 그건 익룡 아니에요?"

장하다의 말에 나선애가 고개를 가로저었다.

"아냐. 익룡은 공룡이 아니잖아."

"선애 말이 맞아. 이 날개 달린 공룡이 진화하여 조류, 즉 새가 나타났단다. 이 공룡을 새의 조상이라는 뜻으로 시조새라고 불러."

"공룡이 진화해서 새가 나타난 거군요!"

"맞아. 시조새 화석을 보면 공룡과 조류의 특징이 한 몸

 용선생의 과학 현미경

새의 조상이라는 뜻으로 처음 시(始) 조상 조(祖)를 써서 시조새라고 말해. '아르케오프테릭스'라고도 부르지.

▲ 시조새 화석

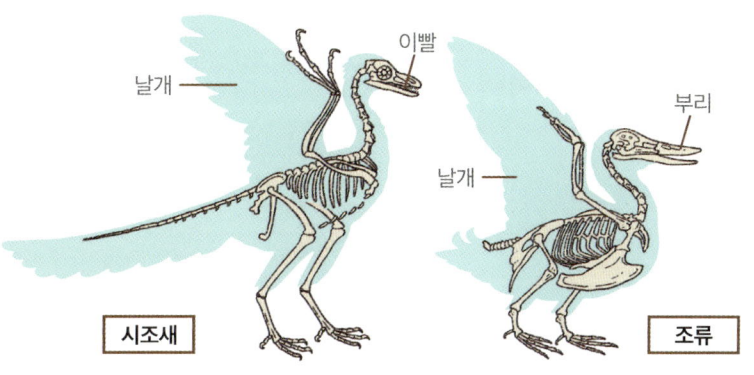

▲ **시조새와 조류의 구조 비교** 시조새는 공룡처럼 다리가 일자로 뻗고, 이빨이 있어. 또 조류처럼 깃털 달린 날개가 있지.

에 있는 걸 볼 수 있어."

"시조새는 지금도 살아 있나요?"

"아니야. 시조새를 포함해 공룡은 모두 멸종했어. 익룡 같은 파충류도 대부분 멸종하고 지금은 악어, 뱀, 거북 등 일부 파충류만 남아 있지."

"그렇게 많던 공룡은 왜 멸종한 거죠?"

"과학자들의 연구에 따르면, 지구에 거대한 운석이 충돌해서란다. 약 6600만 년 전 10km 크기의 운석이 지구에 충돌하여 아주 강력한 폭발이 일어났지."

"헉! 그래서요?"

"폭발이 일어나자 지진과 거대한 파도

▼ **운석 충돌 상상도** 약 6600만 년 전, 현재의 중앙아메리카 멕시코 근처 얕은 바다에 거대한 운석이 충돌했어.

가 생겼고, 엄청난 열이 발생해 환경이 크게 변했어. 결국 공룡을 비롯한 많은 생물이 멸종하는 대멸종이 일어났단다."

공룡은 중생대 육상에서 번성했던 파충류야. 시조새 화석을 통해 공룡이 진화하여 조류가 나타났음을 알 수 있어.

 지금은 포유류 시대!

"아, 그렇게 공룡이 사라진 거군요……."

곽두기가 풀죽은 목소리로 말했다.

"자, 지난 시간에 대멸종 이후엔 진화가 급격하게 일어나 새로운 종이 많이 나타난다고 했지? 중생대 대멸종 이후 신생대에는 다양한 조류가 나타나고, 포유류가 번성해."

"포유류는 뭐예요?"

"포유류는 어미가 새끼에게 젖을 먹여 키우는 동물이야. 개, 고양이, 사자, 코끼리, 사람이 모두 포유류에 속해."

"헤헤, 전 공룡만큼 강아지도 좋아요."

"하하, 그렇구나. 포유류는 새끼가 어느 정도 자랄 때까지

어미가 젖을 먹이고 보호해. 그 때문에 새끼가 살아남아 어른으로 자랄 가능성이 다른 종류의 동물보다 더 높아."

나선애가 손을 들고 물었다.

"선생님, 포유류는 어떻게 나타났어요?"

"아까 고생대에 원시 파충류가 있었다고 했지? 원시 파충류 중 일부는 파충류로 진화했고, 또 일부는 진화를 거듭하여 포유류의 조상으로 진화했어. 이 포유류의 조상은 파충류와 포유류의 특징을 한 몸에 가지고 있었지. 이후 중생대에 포유류가 처음 나타나."

장하다가 눈을 크게 뜨며 말했다.

"그래요? 중생대에 파충류만 있는 줄 알았는데 포유류도 있었군요."

"그럼! 포유류는 몸집이 공룡보다 작은 편으로, 육식 공룡의 먹이가 됐지. 공룡이 번성했던 중생대에 살던 포유류는 공룡을 피해 좁은 곳에 숨어 살아남았어. 공룡이 활동하는 낮에는 숨어 있다가 공룡의 활동이 뜸한 밤이 되면 먹이를 구하러 돌아다녔단다."

"어휴, 꼭 쥐 같은데요?"

허영심이 얼굴을 찌푸리자 용선생이 웃었다.

"하하, 맞아. 몸 크기나 사는 방식이 오늘날의 쥐와 비

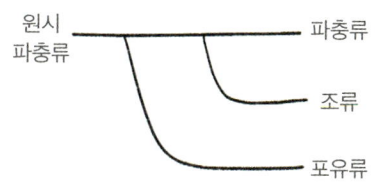

▲ **포유류의 진화**

▲ **디메트로돈 상상도** 고생대에 살던 포유류의 조상이야. 파충류와 포유류의 특징을 한 몸에 가지고 있지.

▲ **메가코누스 상상도** 중생대에 살았던 포유류야.

▲ 포유류의 크기 비교

 용선생의 과학 현미경

당시에 살던 포유류는 몸이 작아 먹이를 적게 먹었어. 환경이 바뀌자 먹이를 많이 먹는 공룡 같은 큰 동물에 비해 살아남기 유리했지.

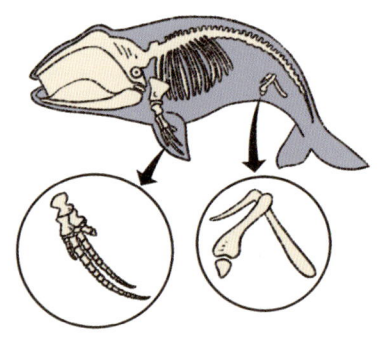

▲ 고래 몸에 남아있는 진화의 증거
가슴지느러미 뼈는 포유류의 앞다리 뼈와 구조가 같아. 또 몸속에는 뒷다리 뼈의 흔적이 남아 있어.

숫했지. 그러다 환경이 바뀌어 공룡이 멸종하자, 다양한 포유류가 나타나 번성한 거야. 또 몸 크기도 커졌어. 현재 몸집이 큰 동물은 대부분 포유류이지."

"몸집이 큰 동물이라면 코뿔소나 코끼리 같은 거요?"

"응. 코끼리는 오늘날 육상에서 가장 큰 포유류란다. 또 바다에 사는 고래도 포유류야. 몸길이가 33m에 달하는 대왕고래가 현재 지구에서 가장 큰 동물이자 가장 큰 포유류이지."

왕수재가 고개를 갸웃거리며 말했다.

"포유류는 다 땅에서 사는 게 아니에요? 바다에 사는 고래도 포유류라고요?"

"그렇단다. 고래는 원래 육상에 살던 포유류가 진화해서 나타난 동물이야. 고래의 조상은 얕은 바다에서 물고기를 잡아먹는 포유류였어. 차차 진화가 일어나 앞다리는 지느러미로 변하고 뒷다리는 아예 사라져서 깊은 바다에서 헤엄을 치며 살게 됐지."

"우아! 정말 놀랍네요!"

"공룡 말고도 이렇게 놀라운 동물이 있다니!"

"하하, 진화 덕분에 오늘날 수많은 종류의 동물이 존재하는 거란다. 물론 동물은 지금도 진화하고 있어."

그때 곽두기가 모형 만들기 상자를 들어 보이며 말했다.

"그래도 전 공룡이 제일 좋아요. 선생님, 이제 이거 조립해도 돼요?"

"좋아. 각자 마음에 드는 공룡을 골라서 조립 시작!"

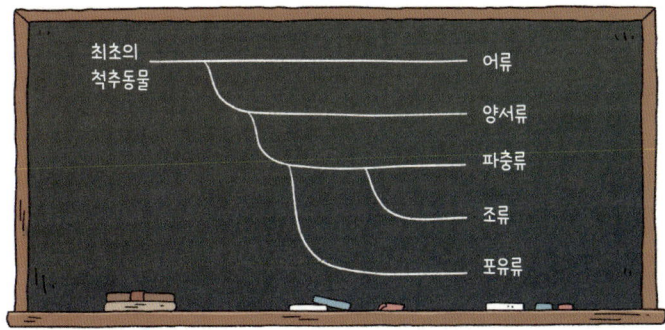

▲ 척추동물의 진화

 핵심정리

포유류는 중생대에 처음 나타났고, 공룡 멸종 후 신생대에 크게 번성했어. 바다에 사는 고래는 육상에 살던 포유류가 진화하여 나타난 동물이야.

나선애의 정리노트

1. 척추동물의 진화

   ① 고생대
   - 최초의 척추동물인 ⓐ _____ 가 나타남.
   - 최초의 육상 척추동물이 나타나, 이후 ⓑ _____ 로 진화함.

   ② 중생대
   - 육상 파충류인 ⓒ _____ 이 번성함.
   - 공룡과 조류의 특징을 한 몸에 가진, 조류의 조상인 ⓓ _____ 가 나타남.
   - 최초의 포유류가 나타남.

   ③ 신생대
   - 다양한 조류가 나타남.
   - 다양한 ⓔ _____ 가 번성함.

   [칠판 그림: 최초의 척추동물 → 어류, 양서류, 파충류, 조류, 포유류]

   ⓐ 어류 ⓑ 양서류 ⓒ 공룡 ⓓ 시조새 ⓔ 포유류

과학퀴즈 달인을 찾아라!

●정답은 115쪽에

01

친구들이 이번 시간에 배운 내용에 대해 이야기하고 있어. 옳으면 O, 옳지 않으면 X를 표시해 줘.

① 수중 척추동물이 진화하여 육상 척추동물이 나타났어. (　　)

② 익룡은 공룡의 한 종류야. (　　)

③ 포유류는 신생대에 나타났어. (　　)

02

곽두기가 미로를 통과하려고 해. 파충류의 이름을 따라가면 출구를 찾을 수 있대. 곽두기에게 올바른 길을 알려 줘.

 용선생의 과학 카페 | 용선생의 한국사 카페 | 용선생의 세계사 카페

https://cafe.naver.com/yongyong

용선생의 과학 카페

과학계의 핵인싸,
용선생의 과학 카페에
오신 걸 환영합니다.

Log in

오늘은 어떤 재미난 지식을 올려 볼까?

MENU

물리면 아프다
화학이 화하하
생물 오징어
지구는 둥글다

동물만? 아니, 식물도 진화해!

지구에 사는 수많은 식물도 동물과 마찬가지로 아주 오래전부터 진화하여 나타났어. 식물은 어떻게 진화했는지 함께 알아보자.

| 선캄브리아 시대 | 고생대 | 중생대 | 신생대 |

조류는 선캄브리아 시대부터 나타난 생물로, 흔히 해조류라고도 불러. 약 10억 년 전 나타난 녹색을 띠는 조류가 이후 나타날 육상 식물의 조상이지.

▲ 녹색을 띠는 조류

| 선캄브리아 시대 | 고생대 | 중생대 | 신생대 |

고생대에 생물이 육상에 살기 시작한 후, 물가의 축축한 땅에 최초의 육상 식물인 선태식물이 나타났어. 이끼가 선태식물에 속해.

▲ 이끼

| 선캄브리아 시대 | 고생대 | 중생대 | 신생대 |

육상 환경에 완전히 적응한 양치식물이 나타났어. 고사리 같은 양치식물은 고생대 말기에 크게 번성했는데, 이 식물들이 땅속에 묻혀 오랜 시간이 지나 석탄이 됐지.

▲ 고사리

| 선캄브리아 시대 | 고생대 | 중생대 | 신생대 |

▲ 소나무

고생대 말기에는 씨를 만드는 식물이 처음 나타났어. 씨가 겉으로 드러나 있어서 겉씨식물이라고 불러. 소나무가 겉씨식물에 속해. 겉씨식물은 씨를 바람에 날려 보내 자손을 퍼뜨릴 수 있어. 고생대 말 대멸종에서 살아남은 뒤, 중생대에 크게 번성했지.

| 선캄브리아 시대 | 고생대 | 중생대 | 신생대 |

▲ 사과나무

중생대 말기에는 꽃을 피워 열매 속에 씨를 만드는 속씨식물이 나타났어. 꿀로 곤충을 끌어들여 꽃가루를 나르게 하여 씨를 만들었지. 그러면서 이들 식물의 변이가 점점 다양해졌고, 진화가 일어나 다양한 종류가 나타났어. 속씨식물은 중생대 말 대멸종에서 살아남아 오늘날 지구에 사는 식물 중 종류가 가장 많아. 곡식이나 과일을 얻는 식물이 대부분 속씨식물에 속한단다.

이 식물들은 지금도 지구에 살고 있어. 하지만 계속 진화해 왔기 때문에, 처음 지구에 나타났을 때의 식물과 지금의 식물은 똑같지 않다는 걸 꼭 기억해!

장하다의 오답을 피하는 방법
나선애의 야무진 실험실
왕수재의 아는 척 과학교실
허영심의 별 헤는 밤
곽두기의 빅뱅 따라잡기

 조류래서 새인 줄…
ㄴ 양치식물이래서 양치하는 줄…
ㄴ 속씨식물이래서 속상한 줄…

곽두기는 과학실 구석에 옹기종기 모여 있는 아이들에게 다가갔다.

"뭐 하고 있어?"

"장하다가 찍어 온 침팬지 영상을 보는 중이야."

"헤헤, 지난 주말에 동물원에 갔었거든."

장하다가 휴대 전화 속 영상을 보여 주자 아이들이 말했다.

"침팬지는 얼핏 보면 사람이랑 비슷해."

"그러게. 앉아 있는 모습이나 새끼를 등에 업은 모습이 꼭 사람 같아. 큭큭."

"나도 그게 신기해서 찍은 거야."

그러자 곽두기가 눈을 크게 뜨며 말했다.

"혹시 침팬지가 진화해서 사람이 된 건가?"

"뭐? 네 말은 침팬지가 우리 조상이란 거야? 에이, 설마 그럴 리가!"

 ## 사람은 어떤 동물 무리에 속할까?

그때 용선생이 아이들에게 다가와 말했다.

"아주 흥미로운 얘기를 하고 있구나. 근데 침팬지가 진화해서 사람이 된 건 아니란다."

"그럼 사람은 어떻게 나타난 거죠?"

"오늘 함께 알아보자. 사람은 포유류에 속해. 포유류는 어미가 새끼에게 젖을 먹여 키우는 동물이라고 했지?"

"맞아요. 아기는 엄마 젖을 먹고 자라죠."

"그래. 포유류에도 여러 종류가 있는데, 그중에서 사람이 속한 종류를 영장류라고 불러. 사람을 비롯해 고릴라, 침팬지, 여러 종류의 원숭이도 모두 영장류에 속해."

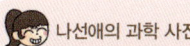

> 나선애의 과학 사전
>
> **영장류** 신령 영(靈), 우두머리 장(長) 무리 류(類). 사람을 비롯해, 사람과 닮은 동물을 통틀어 부르는 말이야. 영장이란 신기한 능력을 가진 우두머리라는 뜻으로, 주로 사람을 일컫지.

▲ 사람은 포유류의 한 종류인 영장류에 속해.

"영장류는 어떻게 진화했어요?"

"최초의 영장류는 다른 동물에게 잡아먹히지 않으려고 주로 나무 위에서 생활한 포유류야. 약 5500만 년 전 화석을 보면, 초기 영장류는 앞발의 발가락 사이가 벌어져서 나무를 잘 잡을 수 있어."

나선애가 고개를 끄덕이며 말했다.

"아, 영장류는 나무 위에서 살았군요."

"또 영장류는 다른 동물에 비해 뇌가 커서 영리하고, 여러 마리가 무리를 이뤄 사회생활을 한단다. 최초의 영장류가 진화하여 여러 종류의 영장류가 나타났어. 이들은 오늘날 우리가 아는 다양한 원숭이의 조상이지."

"어, 지금 살고 있는 원숭이 종류는 옛날엔 없었어요?"

"그렇지. 수천만 년 전에는 그들의 조상이 살았어. 이렇게 영장류가 진화하다가, 약 2500만 년 전에는 꼬리가 없는 영장류가 나타났단다."

"꼬리가 없다고요?"

"응. 꼬리로도 몸을 지탱하는 다른 영장류와 달리, 꼬리가 없는 영장류는

플레시아다피스 화석　　플레시아다피스 모형

▲ 약 5500만 년 전 초기 영장류

용선생의 과학 현미경

사회생활은 단순히 여러 마리가 모여 사는 게 아니야. 영장류는 무리를 이끄는 우두머리 아래에 여러 계급이 있는 집단을 이뤄 서로 돕거나 싸우며 함께 살아.

▲ 약 2500만 년 전에 꼬리가 없고 몸이 큰 영장류가 나타났어.

대체로 몸이 크고 네 발로만 몸을 지탱해."

"오호, 많이 다르네요."

"이렇게 꼬리가 없는 영장류를 유인원이라고 해. 최초의 유인원이 거듭 진화하여 오랑우탄, 고릴라, 침팬지, 사람 같은 오늘날의 유인원이 나타났지."

왕수재가 손을 들고 물었다.

"아까 침팬지가 사람으로 진화한 게 아니라고 하셨잖아요. 침팬지와 사람은 무슨 사이죠?"

"침팬지와 사람은 조상이 같아. 공통 조상으로부터 제각기 진화해서 나타났지."

"정말요? 어떻게요?"

"약 700만 년 전 아프리카 대륙은 나무가 많은 숲이 줄어들고 풀이 많은 초원이 늘어났어. 일부 유인원은 나무에서 땅으로 내려와 초원에서 먹이를 구하기 시작했지."

허영심이 눈을 크게 뜨며 말했다.

"오, 땅으로 내려온 유인원이 나타났군요!"

"응. 땅으로 내려오지 않고 계속 나무 위에서 생활한 유인원이 진화하여 침팬지가 나타났어. 반면 땅으로 내려온 유인원은 진화하여 두 발로 걷게 됐지. 이들이 바로 사람이야."

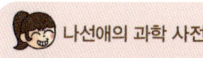

나선애의 과학 사전

유인원 무리 유(類) 사람 인(人) 원숭이 원(猿). 사람과 가장 비슷한 동물을 통틀어 부르는 말이야.

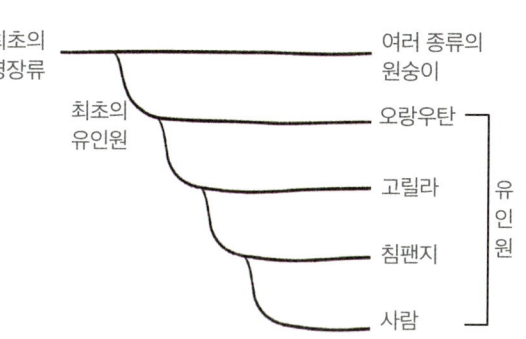

▲ 두 발로 걷는 유인원이 나타났어.

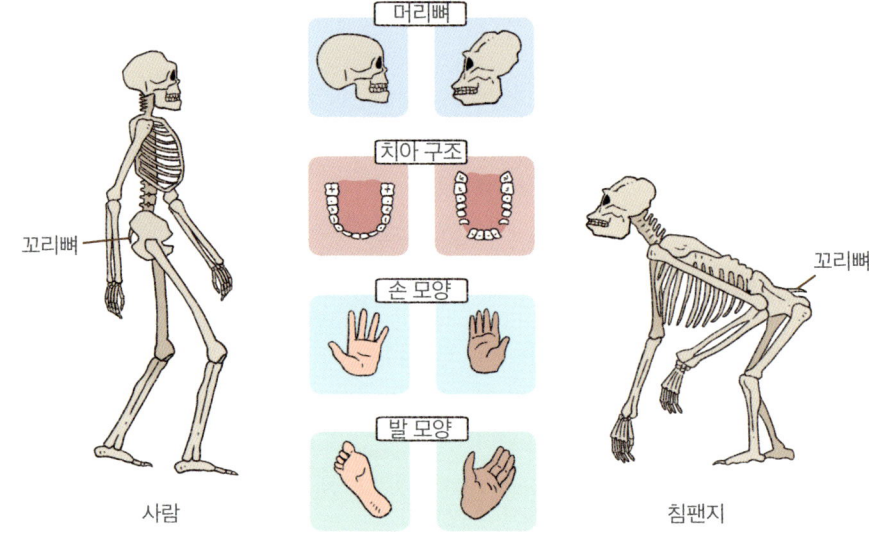

▲ **사람과 침팬지의 몸 구조 비교** 사람과 침팬지는 몸을 이루는 뼈의 구조와 수가 매우 비슷해.

"그러니까 사람과 침팬지는 조상은 같지만, 각자 진화한 거네요?"

"맞아. 공통 조상으로부터 진화한 사람과 침팬지는 몸 구조에 비슷한 점이 많아. 우선 머리뼈나 치아 구조, 손발 모양이 대체로 비슷해. 또 꼬리는 없고 꼬리뼈만 남아 있는 것도 같지. 하지만 사람은 몸을 곧게 세워 두 발로 걷고, 침팬지는 네 발로 걷는 것처럼 서로 다른 점도 있단다."

"오호, 그렇군요."

사람은 영장류 중 유인원에 속해. 사람과 침팬지는 약 700만 년 전 공통 조상으로부터 제각기 진화하여 나타났지.

 ## 사람은 어떻게 진화했을까?

"자, 그럼 여기서 퀴즈! 지구에 처음 나타난 사람은 지금과 똑같이 생겼을까?"

장하다가 고개를 가로저으며 말했다.

"그럴 리가요. 그동안 계속 진화했겠죠."

"맞아. 처음 나타난 사람은 오늘날의 사람과는 달라. 아예 다른 종이지. 처음 나타난 사람이 진화하면서 다양한 종이 나타났고 그중 하나가 현재의 사람이야."

"오호, 사람도 여러 종이 있었어요?"

"응. 여러 종의 사람을 통틀어 인류라고 불러. 다른 생물과 마찬가지로 인류도 화석으로 발견되고 있어. 지금도 새로운 화석이 발견되면, 이때까지 밝혀진 사실을 고쳐 가면서 인류의 진화에 대한 연구를 계속하고 있단다."

"어떤 화석이 발견됐나요?"

"두 발로 걷는 유인원이 인류의 조상이라고 했지? 현재의 인류처럼 두 발로 걸었다는 것이 다리뼈 화석으로 확인된 인류가 있어. 약 390만 년 전 나타난 오스트랄로피테쿠스란다. 1970년대에 아프리카에서 이 인류의 화석이 발견됐지. 사진을 함께 볼까?"

 곽두기의 낱말 사전

인류 사람 인(人) 무리 류(類). 사람을 동물의 한 종류로서 다른 동물과 구별하여 부르는 말이야. 모든 종의 사람을 뜻하기도 해.

 용선생의 과학 현미경

'오스트랄로피테쿠스'는 남쪽에서 발견된 유인원이라는 뜻이야. 남아프리카에서 화석이 발견되어 이런 이름이 붙었어.

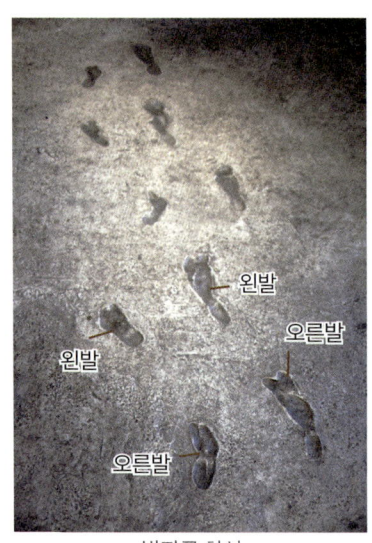
발자국 화석

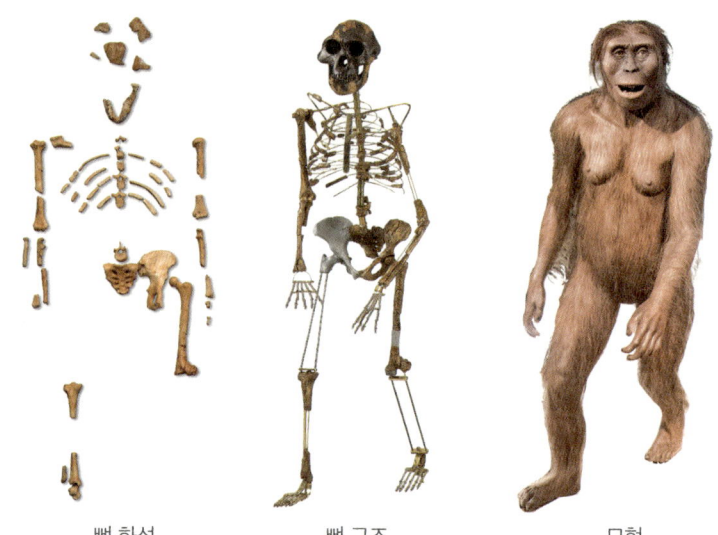
뼈 화석　　뼈 구조　　모형

▲ 오스트랄로피테쿠스

곽두기가 화면의 발자국 화석 사진을 가리키며 말했다.

"꼭 제가 눈 위를 걸을 때 생긴 발자국 같아요!"

"잘 봤어. 이건 두 명이 두 발로 나란히 걸어간 발자국 화석이야. 또 과학자들은 발견된 뼈 화석을 연구하여 몸의 전체 구조를 알아냈어. 그 결과 오스트랄로피테쿠스는 <u>직립 보행</u>을 한 인류임이 밝혀졌지."

"직립 보행은 네 발로 걷는 것보다 유리한 게 있나요?"

"그럼! 우선 직립 보행은 네 발로 걷는 것보다 조금 느리지만 몸을 움직일 때 에너지를 덜 쓴단다. 또 앞발, 즉 손이 자유로워서 먹이를 들고 멀리 떨어져 있는 곳으로 옮길 수 있고, 위험한 동물로부터 도망치며 돌을 던질 수도 있지."

> **나선애의 과학 사전**
>
> **직립 보행** 곧을 직(直) 설 립(立) 걸음 보(步) 갈 행(行). 네 발을 가진 동물이 두 발만을 써서 등을 꼿꼿하게 세우고 걷는 걸 말해.

"오, 그런 점이 유리하군요!"

"이후 계속 진화가 일어나 여러 종의 인류가 나타났지. 약 240만 년 전에는 손으로 도구를 만들어 사용하는 인류가 나타났어. 이 인류를 '호모 하빌리스'라고 불러."

"그전에 살던 인류는 도구를 안 썼어요?"

"돌이나 나뭇가지를 주워 쓰긴 했지. 호모 하빌리스는 이전 인류와 달리 돌을 깨서 모양을 다듬은 석기를 만들었단다. 이렇게 만든 석기로 나무를 자르고, 동물을 손질해서 먹었지."

▲ 호모 하빌리스 '호모'는 사람이라는 뜻이고, '하빌리스'는 '손재주 좋은'이라는 뜻이야. 즉, 손재주 좋은 사람, 도구를 쓰는 사람이라는 뜻의 이름이지.

곽두기의 낱말 사전

석기 돌 석(石) 도구 기(器). 돌로 만든 도구를 말해.

"우아, 도구를 만들어 쓴 거군요. 대단해요!"

"시간이 지나 약 180만 년 전에는 호모 하빌리스보다 키가 크고, 뇌도 더 커서 지능이 높은 인류가 나타났어. 이들은 더 복잡한 도구를 만들어 썼고, 최초로 불을 사용했지. 이 인류를 '호모 에렉투스'라고 불러."

"이야, 불을 쓴다니 엄청 발전했네요?"

"그렇단다. 이 즈음부터 인류는 몸집이 큰 동물을 잡아 많은 음식을 얻고, 불을 써서 음식을 익혀 먹었어. 또 지금까지 아프리카에만 살았던 다른 인류와는 달리, 호모 에렉투스는 처음으로 아프리카를 벗어나 유럽과 아시아로 옮겨 가 살기도 했단다."

▲ 호모 에렉투스 '똑바로 선 사람'이라는 뜻이야. 직립 보행을 하는 최초의 인류로 오해하여 이렇게 이름 지어졌어.

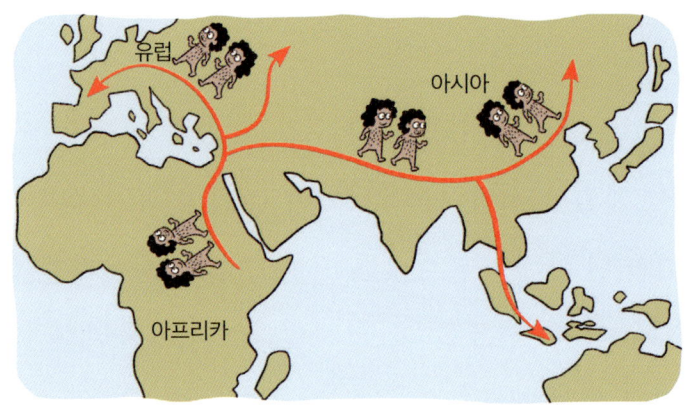

▲ **호모 에렉투스의 이동** 호모 에렉투스는 인류로는 처음으로 아프리카를 떠나 유럽과 아시아로 이동했어.

핵심정리

여러 종의 사람을 통틀어 인류라고 해. 직립 보행을 한 오스트랄로피테쿠스, 도구를 사용한 호모 하빌리스, 불을 사용한 호모 에렉투스 등의 인류가 나타났어.

 오늘날의 사람이 등장하다!

"와, 그래서요? 그다음엔 어떻게 됐어요?"

"진화가 계속 일어나 여러 종의 인류가 나타났지. 그러다가 약 30만 년 전 아프리카에서 '호모 사피엔스'가 나타났단다."

"호모 사피엔스요? 어디선가 들어 본 것 같아요!"

"하하, 그럴 거야. 호모 사피엔스는 현재 살고 있는 인류인 우리란다. 현재까지 나타난 인류 중에 가장 영리해서 '슬기로운 사람'이라는 뜻으로 이름 지어졌어. 호모 사피엔스는 다양하고 정교한 도구를 만들어 쓰고, 여러 사람이 힘을 모아 큰 집단을 이루고 살았지."

▲ **호모 사피엔스** 정교한 도구를 만들어 쓰고, 여러 사람이 모여 집단을 이루고 살았어.

아이들이 고개를 끄덕이자 용선생이 말을 이었다.

"호모 사피엔스도 이전 인류처럼 아프리카를 벗어났어. 이들은 먹을 것이 풍부한 곳을 찾아 지구 곳곳으로 옮겨 가 자리 잡았고, 오늘날에 이르렀지."

허영심이 손을 들고 물었다.

"아까 호모 에렉투스도 유럽과 아시아로 옮겨 가 살았다고 하셨죠? 그 이후에 어떻게 됐어요?"

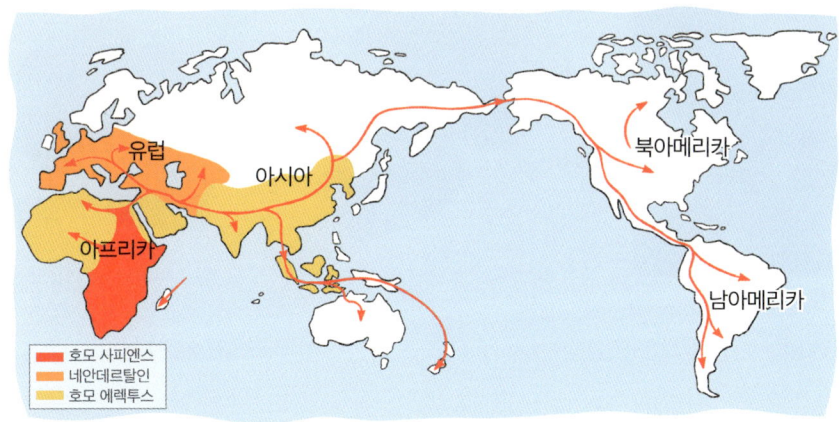

▲ **호모 사피엔스의 이동** 호모 사피엔스는 먹을 것이 풍부한 바닷가를 따라 지구 전 지역으로 이동했어. 유럽과 아시아에는 다른 인류가 살고 있었지.

용선생의 과학 현미경

원래 이름은 '호모 네안데르탈렌시스'야. 독일의 네안데르 계곡에서 발견되어 이렇게 이름 지어졌어.

"유럽과 아시아로 옮겨 간 호모 에렉투스는 그곳에서 계속 살고 있었지. 호모 사피엔스가 유럽에 도착했을 때, 유럽에는 호모 에렉투스 말고 또 다른 인류도 살고 있었어. 이 인류를 네안데르탈인이라고 해. 그러니까 약 20만 년 전 지구에는 여러 종의 인류가 함께 살고 있었던 거야."

"아, 한 종이 사라지고 다음 종이 나타난 게 아니라, 함께 살고 있던 거군요."

"맞아. 그중에서 지능이 가장 낮은 호모 에렉투스는 경쟁에서 살아남지 못하고 먼저 멸종했어. 하지만 네안데르탈인은 호모 사피엔스와 함께 상당히 오래 살았단다."

"네안데르탈인은 호모 사피엔스랑 비슷했나요?"

"하하, 둘은 분명한 차이가 있었지. 호모 사피엔스는 키가 크고 몸통이 가늘었는데, 네안데르탈인은 키는 작았지

인류 모형

네안데르탈인의 머리뼈

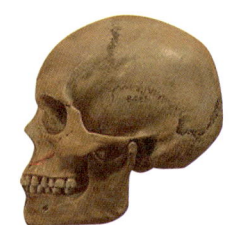

호모 사피엔스의 머리뼈

▲ **네안데르탈인과 호모 사피엔스의 비교** 네안데르탈인은 호모 사피엔스에 비해 키는 작아도, 몸통이 컸어. 네안데르탈인의 뇌는 호모 사피엔스보다 컸지만 지능이 높지는 않았지.

만 몸통이 컸어. 또 뇌도 더 컸단다."

"오호, 뇌가 크면 더 똑똑했겠네요?"

"과학자들이 연구했더니 꼭 그렇지는 않았어. 몸이 큰 네안데르탈인은 머리를 쓰는 데보다 몸을 움직이는 데 더 많은 에너지를 썼거든. 그러니 호모 사피엔스보다 음식을 많이 먹어야 했어. 결국 네안데르탈인과 호모 사피엔스의 경쟁에서 호모 사피엔스만이 살아남았단다."

"그래서 지금은 호모 사피엔스만 있는 거군요."

"맞아. 최초의 인류가 나타난 이후, 수백만 년 동안 다양한 종의 인류가 나타나 경쟁하고 진화했어. 그렇게 오늘날의 인류인 우리가 있는 거란다."

그때 장하다가 책상 위로 엎드리며 말했다.

"선생님, 호모 사피엔스 한 명이 배가 고프대요."

그 모습을 본 다른 아이들도 책상 위로 엎드렸다.

"저도요! 저도!"

"하하, 그럼 우리도 먹을 것이 풍부한 매점으로 출발!"

핵심정리

호모 사피엔스는 아프리카에서 나타나 지구 전 지역으로 이동했어. 호모 에렉투스나 네안데르탈인과의 경쟁에서 이기고, 현재 지구에 유일하게 남은 인류가 바로 호모 사피엔스야.

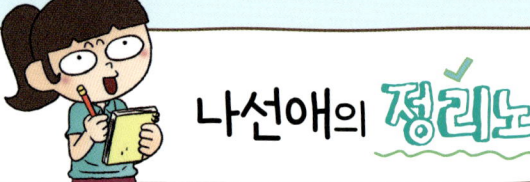

나선애의 정리노트

1. 사람의 진화
① 사람이 속한 동물 무리

```
포유류
┌─────────────────────────────────────────────┐
│  ┌──────── ⓐ ────────┐                      │
│  │ ┌── ⓑ ──┐          │   고양이   두더지    │
│  │ │ 고릴라 오랑우탄  │ 거미    여우         │
│  │ │                   │ 원숭이 원숭이       │
│  │ │ 침팬지  사람      │                   코끼리   토끼 │
│  │ └───────┘          │ 마카크  개코        │
│  │                    │ 원숭이  원숭이      돼지     낙타 │
│  └───────────────────┘                      │
└─────────────────────────────────────────────┘
```

② 약 700만 년 전 공통 조상으로부터 침팬지와 사람이 제각기 진화함.

2. 대표적인 인류
① 오스트랄로피테쿠스: 약 390만 년 전 나타남. ⓒ _____ 보행
② 호모 하빌리스: 약 240만 년 전 나타남. ⓓ _____ 사용
③ 호모 에렉투스: 약 180만 년 전 나타남. 불 사용
④ 호모 ⓔ _____: 약 30만 년 전 나타남. 현재의 인류

ⓐ 영장류 ⓑ 유인원 ⓒ 직립 ⓓ 도구 ⓔ 사피엔스

 **과학퀴즈** 달인을 찾아라!

●정답은 115쪽에

01

친구들이 이번 시간에 배운 내용에 대해 이야기하고 있어. 옳으면 O, 옳지 않으면 X를 표시해 줘.

① 최초의 영장류는 나무 위에서 생활한 포유류야. (   )
② 호모 사피엔스는 슬기로운 사람이라는 뜻이야. (   )
③ 네안데르탈인은 아직도 살고 있어. (   )

02

왕수재가 자연사 박물관에 가려고 해. 오스트랄로피테쿠스에 대한 옳은 설명을 따라가면 길을 찾을 수 있대. 왕수재를 도와줘!

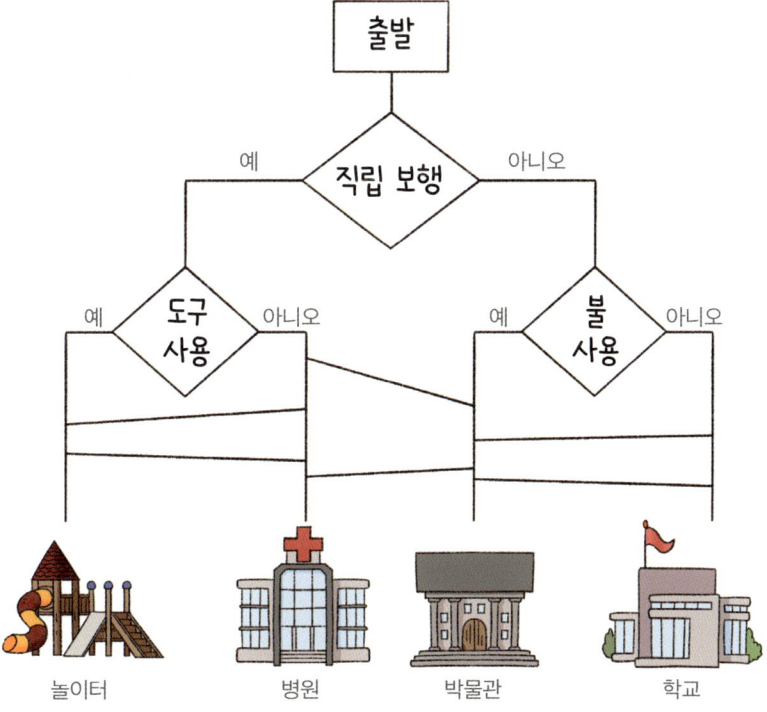

6교시 | 생물 다양성

코뿔소가 멸종하면 어떤 일이 생길까?

우아, 코뿔소야. 뿔이 엄청 멋져!

근데 코뿔소가 멸종할 수도 있다는데?

"나선애! 뭐 보냐? 왜 이렇게 심각해?"
장하다가 나선애에게 다가가 물었다.
"이 잡지 좀 봐. 코뿔소가 멸종할 수도 있대."
"멸종? 그거 큰일이네!"
그러자 왕수재가 머리를 긁적이며 물었다.
"근데 코뿔소가 멸종하면 어떻게 되는데?"

생물 다양성이 뭐지?

"나도 잘 몰라. 뭔가 안 좋을 것 같긴 한데……."
장하다가 고개를 갸웃거리자 용선생이 다가왔다.
"그럼 오늘 함께 알아보면 되겠네. 다들 궁금하니?"
"네! 도대체 어떤 일이 생기는 거죠?"

"일단 생물이 멸종하면서 생기는 가장 큰 문제는 생물 다양성에 영향을 준다는 점이야."

"생물 다양성? 그게 뭐예요?"

"생물 다양성은 어떤 지역에 살고 있는 생물의 다양한 정도를 말해."

곽두기가 눈을 깜빡이며 말했다.

"생물의 다양한 정도요? 그런 걸 어떻게 알아내요?"

"차근차근 살펴보자. 생물 다양성은 세 가지 측면에서 살펴보고 정한단다. 먼저 한 종 안에서의 생물 다양성이 있어."

"네? 한 종인데 생물이 다양하다고요?"

"그래. 사람도 한 종이지만 우리는 모두 다르게 생겼지?"

"아하, 그런 걸 말하는 거군요."

"예를 하나 더 들어 볼게. 한 종의 달팽이라도 개체마다 껍데기에 난 줄무늬 모양이나 색깔이 제각각이야. 이렇게 한 종에서 개체마다 조금씩 생김새나 성질이 다른 걸 뭐라고 했지?"

"변이라고 하죠!"

"하하, 잘 기억하는구나. 한 종을 이루는 개체들의 변이가 다양할수록 그 종의 생물 다양성이 높은 거야."

▲ 껍데기의 변이가 다양한 달팽이

"그럼 반대로 개체들의 변이가 별로 없고 비슷하면 그 종의 생물 다양성이 낮은 거고요?"

"그렇지. 생물 다양성이 높은 종은 환경이 달라져도 살아남을 가능성이 높단다."

"어째서요?"

"예를 들어 어떤 생물이 사는 곳이 갑자기 물에 잠겼다고 해 보자. 생물 다양성이 높은 종이라면 물에 잘 뜨는 변이를 가진 개체가 있을 수 있고, 이 개체는 살아남을 가능성이 높아. 반대로 생물 다양성이 낮은 종은 어떻겠니?"

"변이가 별로 없으니까, 자칫하면 다 죽을 수도 있겠죠."

"맞아. 생물 다양성이 높은 종은 개체들의 변이가 다양하니까 달라진 환경에 적응하여 살아남을 가능성이 높은 거야. 이와 달리 사람들이 대규모로 농사를 지을 때에는 특정한 변이를 가진 개체만 골라서 키우는 경우가 많은데, 이런 농작물은 생물 다양성이 매우 낮지. 우리가 먹는 바나나도 그중 하나야."

"바나나가 생물 다양성이 낮다고요?"

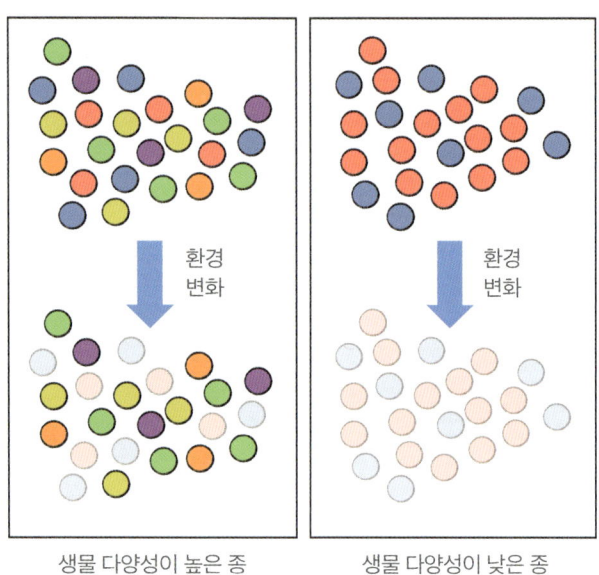

▲ 생물 다양성이 높은 종은 환경이 달라져도 살아남을 가능성이 높아.

"응. 우리가 먹는 바나나는 열매에 씨가 없고, 껍질이 두꺼운 변이가 있어. 사람들은 이 변이가 있는 바나나를 키우기 위해 바나나의 줄기와 뿌리를 일부 잘라 다른 곳에 옮겨 심어서 수를 늘리지. 그렇게 새로 키운 바나나는 원래의 바나나와 특성이 똑같단다."

▲ 바나나 농장에서 키우는 바나나는 모두 특성이 똑같아.

"그러면 생물 다양성이 엄청 낮은 거잖아요. 그러다 환경이 달라지면 어떡해요?"

"실제로 1950년대까지 중앙아메리카의 농장에서 키우던 바나나는 곰팡이병에 걸려 대부분 죽어 버렸어. 이후 사람들은 그 곰팡이병에 강한 변이를 가진 바나나를 찾아서 키웠지. 하지만 현재 키우는 바나나도 또 다른 곰팡이병에 걸려서 많이 죽어가고 있어."

"헐, 그럼 앞으로 바나나를 못 먹게 되나요? 그건 안 되는데!"

"하하, 걱정 마. 사람들이 자연 상태에서 자라는 바나나 중에 곰팡이병에 강한 변이를 가진 개체를 찾고 있어."

> **용선생의 과학 현미경**
>
> 곰팡이는 보통 음식이나 벽 같은 곳에 자라. 곰팡이 중에는 생물의 몸에 침입하여 살며 병을 일으키는 종류도 있어.

1950년대까지 키우던 '그로 미셸' 바나나는 껍질이 더 두껍고 향기가 좋아.

현재 키우고 있는 '캐번디시' 바나나는 맛이 달고, 비교적 빨리 자라.

▲ **시대별로 많이 키운 바나나**

"어휴, 그래서 생물 다양성이 중요한 거군요."

"맞아. 지난 시간에 자연 선택으로 진화가 일어난다고 했지? 생물 다양성이 높은 종은 달라진 환경에 적응하여 살아남을 가능성이 높고, 따라서 진화가 일어날 가능성도 높단다."

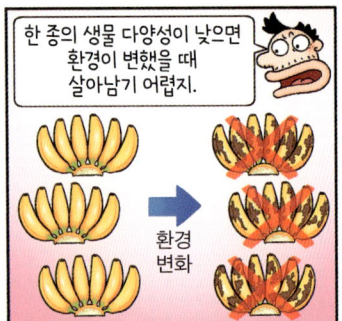

핵심정리

어떤 지역에 살고 있는 생물의 다양한 정도를 생물 다양성이라고 해. 한 종을 이루는 개체들의 변이가 다양할수록 그 종의 생물 다양성이 높아.

생물 다양성이 중요한 또 다른 까닭은?

허영심이 살짝 손을 들고 말했다.

"아까 생물 다양성을 세 가지 측면에서 살펴본다고 하셨죠? 두 번째는 뭐예요?"

"두 번째로는 일정한 지역에 살고 있는 생물 종의 다양성이야. 그 지역에 살고 있는 종의 수가 많을수록 생물 다양성이 높아. 자, 두 지역을 보여 줄 테니, 생물 다양성이 더 높은 지역이 어딘지 맞혀 보렴."

▲ **열대 지역** 매우 덥고, 식물이 울창하게 자라는 곳이야.

▲ **극 지역** 매우 춥고, 식물이 잘 자라지 않는 곳이야.

용선생이 화면을 띄우자마자 왕수재가 외쳤다.

"열대 지역이 극 지역보다 살고 있는 종의 수가 더 많아요! 그러니까 열대 지역의 생물 다양성이 더 높겠죠?"

"맞아. 열대 지역은 극 지역보다 식물이 많이 자라서 이걸 먹는 동물이 많고, 그 동물을 먹는 다른 동물도 많지. 다시 말해 어떤 지역의 생물 다양성이 높다는 건 그 지역에 살아가는 생물의 먹이가 다양하다는 얘기야."

"아, 먹이가 다양하다고요?"

"그래. 생물 사이에 먹고 먹히는 관계를 '먹이 사슬'이라고 해. 어떤 지역에 사는 생물 종이 다양하면 먹이 사슬이 복잡하게 얽혀. 먹이 사슬의 예를 함께 볼까?"

용선생이 새로운 화면을 띄우며 말을 이었다.

> **용선생의 과학 현미경**
>
> 열대 지역은 아프리카 중부, 남아메리카 일부, 동남아시아를 중심으로 지구에서 햇빛을 가장 많이 받는 곳이야. 1년 내내 매우 더워.
>
> 극 지역은 북극과 남극을 중심으로 그 주변까지의 지역이야. 1년 내내 매우 추워.

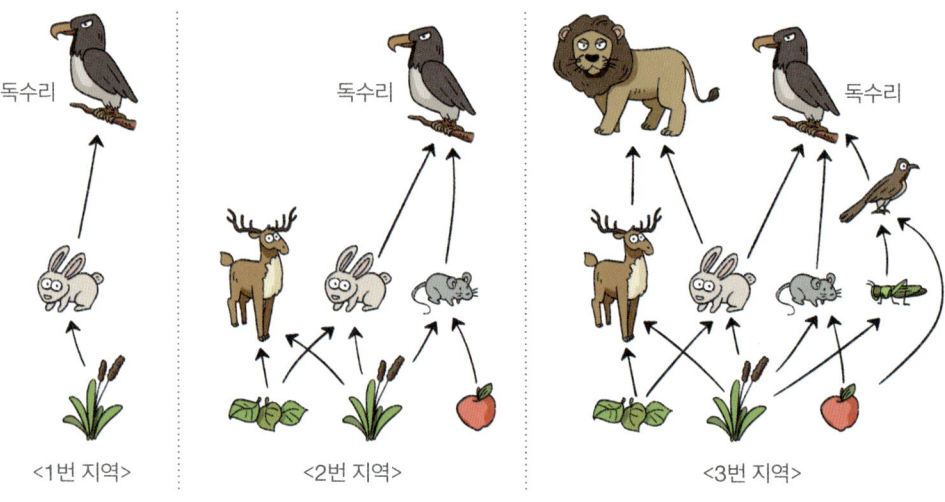

▲ 한 지역의 생물 다양성이 높을수록 먹이 사슬이 복잡해져. 먹이 사슬은 먹히는 동물에서 먹는 동물로 화살표를 그려서 표시해.

"그림의 1, 2, 3번 세 지역 중에서 독수리의 먹이 종류가 가장 많은 지역은 몇 번일까?"

"3번 지역 같아요."

"그래. 만약 1번 지역에서 토끼가 사라지면 독수리는 먹이가 없어서 살아남기 힘들 거야. 하지만 2번 지역은 토끼가 없어도 쥐가 있고, 3번 지역은 쥐도 있고 작은 새도 있으니까 이걸 먹으면 돼. 어떤 종이 없어져도 다른 종이 있으니까, 그걸 먹고 사는 생물은 살아남는 거야."

"정말 그렇겠네요!"

"이렇게 생물 다양성이 높을수록 그 지역에 사는 종의 수가 크게 변하지 않고, 각 종을 이루는 개체의 수도 일정하게 유지될 수 있어. 결국 생물 다양성이 높은 지역에 사는 종은 살아남아 진화할 가능성이 높아지는 거란다."

"생물 다양성이 정말 중요하네요!"

핵심정리

일정한 지역에 사는 생물 종의 수가 많을수록 생물 다양성이 높아.

생물 다양성과 진화의 관계는?

"이번엔 마지막으로 일정한 지역에 있는 생태계의 다양성을 살펴보자."

"생태계요? 그게 뭔데요?"

"일정한 지역에 살며 서로 영향을 주고받는 생물과 주변 환경을 통틀어 생태계라고 해. 예를 들어 숲에 사는 토끼

▲ **숲 생태계** 그림에서 화살표는 생물과 생물 사이, 그리고 생물과 주변 환경 사이에 주고받는 영향을 나타낸 거야.

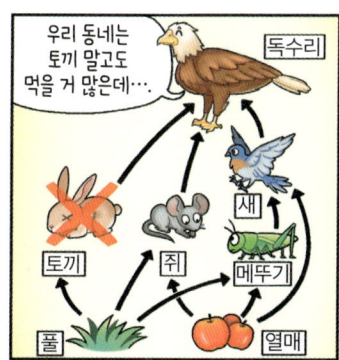

용선생의 과학 현미경

지구에는 숲 생태계 외에도 바다, 사막, 갯벌, 습지, 호수, 강, 밀림, 초원, 농경지 같은 다양한 생태계가 있단다.

는 땅에서 자란 풀을 먹고 살다가 다른 동물의 먹이가 되거나, 죽어서 썩으면 흙에 섞여 영양분이 되기도 해. 이건 숲 생태계이지."

"아, 생태계가 그런 거군요. 그럼 한 지역의 생태계가 다양하면 생물 다양성이 높은 건가요?"

"맞아. 아까 살펴본 열대 지역은 삼림, 습지, 호수, 강 등 다양한 생태계가 있어서 생물 다양성이 높지. 열대 지역은 생물 종도, 생물이 살아가는 환경도 다양한 거야. 생태계가 다양하면 다양한 변이를 가진 개체들이 살아남을 가능성이 높아. 결국 진화가 일어나 새로운 종이 나타날 수 있지."

용선생은 잠시 아이들을 둘러보며 말을 이었다.

"정리하면 생물 다양성은 한 종 안에서의 다양성, 일정한 지역에 사는 생물 종의 다양성, 일정한 지역에 있는 생태계의 다양성, 이렇게 세 가지 측면에서 정해져."

나선애가 손을 들고 말했다.

"아까 코뿔소가 멸종하면 생물 다양성에 영향을 준다고 하셨죠?"

"참, 오늘 그걸 알아보려고 했지? 예전부터 사람들은 코뿔소의 뿔을 얻으려고 코뿔소를 마구 사냥했어. 그 때문에 코뿔소 개체 수가 크게 줄어들었지."

▲ **코뿔소의 뿔** 옛날부터 사람들이 약으로 쓰거나, 공예품을 만드는 데 썼어. 현재 코뿔소를 사냥하거나 뿔을 사고파는 일은 법으로 금지되어 있어.

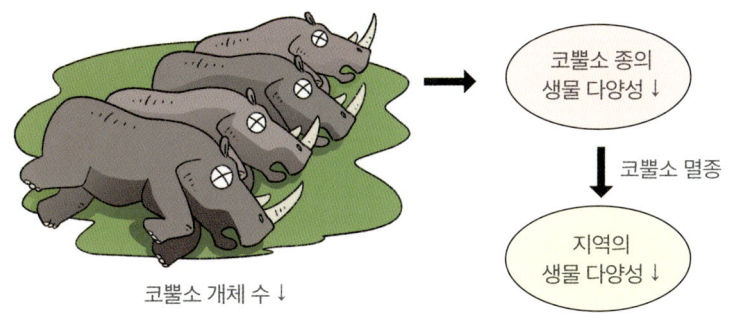

▲ 코뿔소 멸종과 생물 다양성의 관계

"어휴, 그래서요?"

"개체 수가 급격하게 줄어들면, 집단 내의 변이도 줄어들어. 코뿔소라는 종의 생물 다양성이 낮아진 거지. 이때 환경이 코뿔소에 불리하게 변하면 어떻게 될까?"

"결국 멸종하겠죠."

"맞아. 만약 코뿔소가 멸종하면, 같은 지역에 사는 다른 생물과 주변 환경에도 영향을 줘. 결국 그 지역에 살아가는 생물 종의 수가 변해서 생물 다양성이 낮아지지."

"한 종이 멸종하면 그 지역의 생물 다양성도 낮아지네요."

"맞아. 생물 다양성이 높을수록 진화가 일어날 가능성이 높다고 했어. 지구에 사는 생물들이 앞으로도 진화하며 살아가고, 또 그 생물들과 함께 사람도 살아가려면 생물 다양성이 낮아지지 않도록 노력해야 한단다. 잘 알겠지? 그럼 진화 수업은 여기까지!"

핵심정리

일정한 지역에 있는 생태계가 다양할수록 생물 다양성이 높아.

나선애의 정리노트

1. 생물 다양성
① 어떤 지역에 살고 있는 생물의 다양한 정도
- 한 종을 이루는 개체들의 ⓐ [　　] 가 다양할수록 생물 다양성이 높음.
- 일정한 지역에 사는 생물 ⓑ [　　] 의 수가 많을수록 생물 다양성이 높음.
- 일정한 지역에 있는 ⓒ [　　] 가 다양할수록 생물 다양성이 높음.

2. 생물 다양성과 진화
① 한 종의 생물 다양성이 높음.
- → 달라진 환경에 ⓓ [　　] 하여 살아남을 가능성이 높음.
- → 그 종의 진화 가능성이 높음.

② 한 지역의 생물 종의 수가 많음.
- → 그 지역에 사는 종의 수, 각 종의 개체 수가 일정하게 유지됨.
- → 그 지역에 사는 종의 진화 가능성이 높음.

③ 한 지역의 생태계가 다양함.
- → 다양한 변이를 가진 개체들이 살아남을 수 있음.
- → 진화가 일어나 새로운 종이 나타날 가능성이 높음.

답 ⓐ 변이 ⓑ 종 ⓒ 생태계 ⓓ 적응

과학퀴즈 달인을 찾아라!

●정답은 115쪽에

01

친구들이 이번 시간에 배운 내용에 대해 이야기하고 있어. 옳으면 O, 옳지 않으면 X를 표시해 줘.

① 우리가 먹는 바나나는 생물 다양성이 높아. (   )
② 열대 지역은 극 지역보다 생물 다양성이 높아. (   )
③ 코뿔소가 멸종하면 생물 다양성이 높아져. (   )

02

허영심이 바나나 농장에 가고 있어. 갈림길에서 생물 다양성이 더 높은 쪽을 고르면 빨리 도착할 수 있대. 허영심에게 바른 길을 알려 줘.

가로세로 퀴즈

진화에 관한 가로세로 퀴즈야. 빈칸을 채워 봐.
띄어쓰기는 무시해도 돼.

가로 열쇠

① 공룡이 번성했던 지질 시대
② 어떤 지역에 살고 있는 생물의 다양한 정도
③ 아주 오래전에 살던 생물의 몸 일부분이나 생활 흔적이 돌에 남아 있는 것
④ 진화 과정에서 자연 환경에 의해 생물의 변이가 선택되는 것
⑤ 포유류 중에서 원숭이, 고릴라, 침팬지, 사람이 속한 종류
⑥ 공룡과 조류의 특징을 한 몸에 가진 새의 조상
⑦ 약 30만 년 전 아프리카에서 나타나 현재까지 살고 있는 인류

세로 열쇠

① 삼엽충이 번성했던 지질 시대
② 생물이 급격한 환경 변화에 적응하지 못하고 대규모로 멸종하는 것
③ 생물이 진화한다는 사실을 과학적으로 처음 밝힌 사람
④ 약 6600만 년 전 지구에 충돌하여 공룡의 멸종을 일으킨 것
⑤ 햇빛에 있는 빛의 한 종류로, 지구를 둘러싼 오존층이 막아 주는 빛
⑥ 공룡, 악어, 도마뱀이 속한 동물 무리
⑦ 남아메리카 대륙 근처에 있는 19개의 크고 작은 섬으로 이루어진 곳
⑧ 자기 세대 이전의 세대를 뜻하는 말로, 자손의 반대말

●정답은 115쪽에

교과서 속으로

교과서에서는 어떻게 배울까?

초등 3학년 2학기 과학 | **동물의 생활**

지구의 다양한 환경에는 어떤 동물이 살까?

- **물에 사는 동물**
  - 바다, 강, 호수 등에는 헤엄치거나 기어 다니는 동물이 산다.
  - 물가에는 땅과 물을 오가며 사는 동물이 있다.

- **땅에 사는 동물**
  - 다리가 있는 동물은 걷거나 뛰어다니고, 다리가 없는 동물은 기어 다닌다.
  - 사막에는 물이 적고 낮과 밤의 기온차가 큰 환경에 적응한 동물이 산다.

 생물이 다양한 환경에 적응하여 진화가 일어나!

초등 4학년 1학기 과학 | **지층과 화석**

화석은 어디에 이용될까?

- **화석**
  - 아주 오랜 옛날에 살았던 생물의 몸체나 생물이 생활한 흔적이 돌에 남아 있는 것
  - 동물의 뼈, 식물의 잎, 동물의 발자국, 동물이 기어간 흔적도 화석이 될 수 있다.

- **화석의 이용**
  - 옛날에 살았던 생물의 생김새와 생활 모습을 알 수 있다.
  - 화석이 발견된 지역의 과거 환경을 짐작할 수 있다.

 공룡은 화석으로 발견됐어!

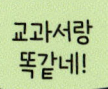
교과서랑 똑같네!

| 중 1학년 과학 | 생물의 다양성 |

생물의 변이

- **변이**
  - 같은 종류의 생물 사이에서 나타나는 서로 다른 생김새나 성질
  - 한 종류의 생물 무리에는 다양한 변이가 있다.

- **생물이 환경에 적응하는 과정**
  - 한 종류의 생물 무리에서 환경에 알맞은 변이를 지닌 생물이 더 많이 살아남아 자손을 남긴다.
  - 이 과정이 오랜 시간 동안 반복되면 원래의 생물과 특징이 다른 생물이 나타날 수 있다.

 생물이 환경에 적응하는 과정이 바로 자연 선택이야!

| 중 1학년 과학 | 생물의 다양성 |

지구의 다양한 생물

- **생물 다양성**
  - 어떤 지역에 살고 있는 생물의 다양한 정도
  - 생물 다양성은 지역에 따라 차이가 날 수 있다.
    ↳ 한 지역에 살고 있는 생물의 종류가 많으면 생물 다양성이 높다.
    ↳ 생물이 살아가는 생태계가 다양할수록 생물 다양성은 높아진다.
    ↳ 같은 종류의 생물에서도 생김새와 특성이 다양할수록 생물 다양성은 높아진다.

 중학교 때 배울 걸 벌써 알아버렸네!

찾아보기

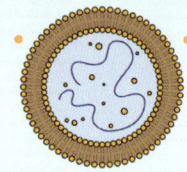

갈라파고스 30-33, 35, 37, 41-42
개체 14-15, 34-38, 42, 49, 57, 99-102, 104, 106-108
경쟁 36, 38, 42, 70, 93
고생대 56-58, 65, 67, 73, 76, 78-79
공룡 56, 64-65, 67-76
광합성 49-52
네안데르탈인 91-93
다윈 31, 33-35, 37, 42
대멸종 56-58, 72, 79
먹이 사슬 103-104, 107
멸종 55-56, 58, 71-72, 74-75, 92, 98-99, 106-107
변이 34-40, 42, 44-45, 49, 55, 57, 70, 79, 99-102, 106-108
산소 50-53, 69
삼엽충 55-56
생물 다양성 98-108
생태계 105-108
선캄브리아 시대 56-58, 78-79
세대 16, 39-42
세포 49-54, 58, 61
시조새 70-72, 76
신생대 56-58, 72, 75-76, 78-79
양서류 66-68, 75-76
어류 65-67, 75-76
영장류 83-86, 94
오스트랄로피테쿠스 87-88, 90, 94
오존층 54

운석 56, 71
유인원 85-87, 94
인류 87-94
자연 선택 37-39, 42, 102
자외선 53-54
적응 16, 21-22, 24, 36, 38, 41-42, 49, 51, 55-58, 78, 100, 102, 108
조류(새) 70-73, 75-76
조류(해조류) 78-79
조상 16-17, 19, 21-24, 26-27, 41, 65-67, 70, 72-73, 76, 78, 82, 84-87, 94
종 31, 35, 39-42, 44, 55, 57, 65-66, 72, 87, 89-90, 92-93, 99-100, 102-108
중생대 56-58, 67-68, 70, 72-73, 75-76, 78-79
지질 시대 56-58
직립 보행 88-90, 94
척추동물 65-67, 75-76
파충류 68-69, 71-73, 75-76
포유류 72-76, 83-84, 94
핀치 30-31, 33-35, 37, 41-42
호모 사피엔스 90-94
호모 에렉투스 89-94
호모 하빌리스 89-90, 94
화석 18-20, 23-24, 48, 50, 55-58, 70-72, 84, 87-89
환경 13, 16-17, 21-22, 24, 31-32, 36-38, 41-42, 49, 51, 53, 55-58, 72, 74, 78, 100-102, 105-108

퀴즈 정답

1교시

01 ① X ② O ③ O

02

> [보기]
> 진화란 오랜 시간 동안
> 생물 (**집단**) 전체가 변하는 걸 말해.
> 생물이 (**환경**)에 적응하여 진화하면서
> 몸의 일부분은 사라져서 (**흔적**)만 남기도 해.

원	반	흔	적
격	환	자	용
안	경	집	견
무	조	건	단

(흔적, 환경, 집단 동그라미 표시)

2교시

01 ① O ② X ③ X

02

> 생물은 살아남기 위해 먹이나 살 곳을 두고 (**경쟁**)해.
> 이때 주어진 환경에 적응하기 유리한 (**변이**)를
> 가진 개체가 살아남아 (**자손**)을 남겨.
> 다윈은 이를 (**자연 선택**)이라고 했어.

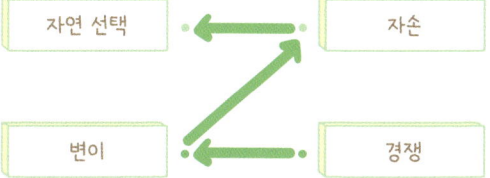

3교시

01 ① O ② X ③ O

02

> ☐에 들어갈 글자를 순서대로 연결하시오.
>
> [힌트1] 지구를 둘러싼 오 존층은 생물에게 해로운 자외선을 막아 줘.
>
> [힌트2] 생물이 대규모로 멸종하는 것을 대 멸종이라고 해.
>
> [힌트3] 남세균이 산 소를 내보내 지구 환경이 크게 달라졌어.

👍 정답은 오 대 산 이야!

4교시

01 ① O ② X ③ X

02

5교시

01 ① O ② O ③ X

02

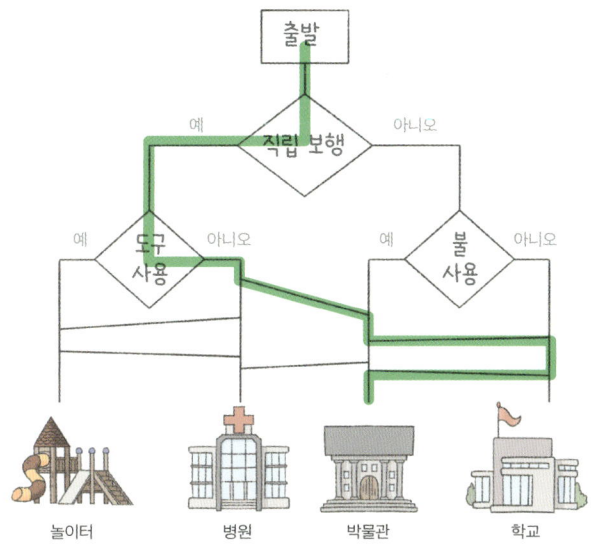

6교시

01 ① X ② O ③ X

02

가로세로 퀴즈

	고						중	생	대
	생	물	다	양	성				멸
	대		원				운		종
						화	석		
	자	연	선	택			파		갈
	외						충		라
	선				영	장	류		파
		시	조	새					고
			상		호	모	사	피	엔	스

일러두기

- 맞춤법과 띄어쓰기는 국립국어원에서 펴낸《표준국어대사전》을 따랐습니다.
- 과학 용어 표기는《2015 개정 교육과정에 따른 교과용도서 개발을 위한 편수자료Ⅲ 기초과학, 정보 편》을 따랐습니다.
- 이 책에 실린 사진은 저작권자로부터 사용 허가를 받았습니다. 저작권자와 접촉하기 위해 최선을 다했으나 불가피한 사정으로 사용 허가를 받지 못한 일부 사진에 대해서는 저작권자와 연락이 닿는 대로 게재 허락을 받고 사용료를 지불하겠습니다.
- 이 책에 실린 그림의 저작권은 별도의 표기가 없는 한 사회평론에 있습니다.

사진 제공

10~11쪽: Danny Ye(셔터스톡) | 13쪽: Matteo De Stefano/MUSE(wikimedia commons_CC3.0) | 19쪽: Ghedo(wikimedia commons_CC4.0), H. Zell(wikimedia commons_CC3.0), Museum of Veterinary Anatomy FMVZ USP(wikimedia commons_CC4.0), 퍼블릭 도메인 | 26쪽: PaulT(wikimedia commons_CC4.0), 퍼블릭 도메인 | 27-28쪽: 퍼블릭 도메인(NASA) | 31쪽: 퍼블릭 도메인 | 33쪽: ⓒ The Trustees of the Natural History Museum, London | 34쪽: jim gifford(wikimedia commons_CC2.0), Uikitireza(wikimedia commons_CC1.0) | 40쪽: ONE WORLD IMAGES(Alamy Stock Photo) | 62-63쪽: suriyachan(셔터스톡) | 65쪽: Talifero(wikimedia commons_CC3.0), Nobu Tamura(wikimedia commons_CC3.0) | 71쪽: H. Raab(wikimedia commons_CC3.0) | 73쪽: April Isch/Zhe-Xi Luo/University of Chicago | 84쪽: Ghedoghedo(wikimedia commons_CC3.0), Matteo De Stefano/MUSE(wikimedia commons_CC3.0) | 88쪽: Tim Evanson(flickr_CC BY-SA 2.0), 120(wikimedia commons_CC3.0), 국립중앙박물관, frantic00(셔터스톡) | 92쪽: S.PLAILLY, E.DAYNES(SCIENCE PHOTO LIBRARY), hairymuseummatt/KaterBegemot(wikimedia commons_CC2.0) | 그 외: 셔터스톡

용선생의 시끌벅적 과학교실 | 진화

1판 1쇄 발행	2022년 9월 28일
1판 3쇄 발행	2024년 11월 18일
글	설정민, 김형진, 이명화
그림	조현상(매드푸딩스튜디오), 김지희, 전성연
감수	박재근
캐릭터	이우일
어린이사업본부	이승필
책임편집	이은일
편집	정세민, 이명화, 홍지예, 김미화, 최예리, 윤수민
마케팅	윤영채, 정하연, 안은지
경영지원본부	나연희, 주광근, 오민정, 정민희, 김수아, 김승현
아트디렉터	강찬규
디자인	디자인서가
사진	포토마토
펴낸이	윤철호
펴낸곳	(주)사회평론
전화	02-326-1182
팩스	02-326-1626
주소	03993 서울시 마포구 월드컵북로6길 56 사평빌딩
출판등록	1993년 10월 6일 제 10-876호

ⓒ 사회평론, 2022

ISBN 979-11-6273-240-3 73400

- 이 책 내용의 일부나 전부를 다시 사용하려면 저작권자와 사회평론의 동의를 받아야 합니다.
- 잘못 만들어진 책은 바꾸어 드립니다.

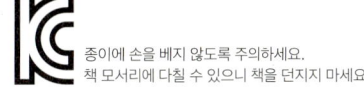

종이에 손을 베지 않도록 주의하세요.
책 모서리에 다칠 수 있으니 책을 던지지 마세요.